Un chien parfait en 7 leçons

Un chien
parfait
en 7 leçons

Gwen Bailey

Broquet

97-B, Montée des Bouleaux
Saint-Constant, Qc, J5A 1A9
Tél.: (450) 638-3338 Fax: (450) 638-4338
Web: www.broquet.qc.ca / Courriel: info@broquet.qc.ca

Catalogage avant publication de Bibliothèque et Archives Canada

Bailey, Gwen

   Un chien parfait en 7 étapes

   Traduction de: Puppy school.
   Comprend un index.

   ISBN 2-89000-761-8

   1. Chiots - Dressage. 2. Chiots - Moeurs et comportement.
3. Chiens - Dressage. I. Titre. II. Titre: Chien parfait en sept étapes.

SF431.B3414 2006   636.7'07   C2006-940496-8

Pour l'aide à la réalisation de son programme éditorial, l'éditeur remercie :
Le gouvernement du Canada par l'entremise du programme d'aide au
    développement de l'industrie de l'édition (PADIÉ) ;
La société de développement des entreprises culturelles (SODEC) ;
L'association pour l'exportation du livre Canadien (AELC) ;
Le gouvernement du Québec - Programme de crédit d'impôt pour l'édition de livres -
    Gestion SODEC.

Titre original : Puppy School
Copyright © 2005 Gwen Bailey and Octopus Publishing Group Ltd
All rights reserved

Pour l'édition en langue française :
Copyright © Ottawa 2006
Broquet inc.
Dépôt légal — Bibliothèque nationale du Québec
3e trimestre 2006

Traduit et adapté par Normand Lebeau
Révision de Marcel Broquet, Denis Poulet

ISBN : 2-89000-761-8

Imprimé en Chine

Table des matières

Introduction

Ce guide propose des directives complètes qui vous aideront à dresser votre chiot pour en faire un animal bien élevé et heureux. Il présente une méthode par étapes qui assure un apprentissage facile et naturel. Les exercices proposés sont positifs, favorisent un apprentissage en douceur et vous aideront à développer une relation harmonieuse avec votre chiot, basée sur l'amour et la confiance. Il vous aidera également à vous assurer que votre chiot devienne sociable et se sente en confiance en vieillissant, en présence d'autres personnes, ce qui réduira les risques d'agression à l'âge adulte.

Les chiots sont tous uniques : leur constitution génétique, combinée à leurs expériences, leur confère un ensemble unique de caractéristiques comportementales. Cette diversité apporte à chaque chiot son caractère propre et ses préférences, rendant certains d'entre eux plus faciles à dresser et à élever que d'autres. C'est pourquoi ce programme de dressage a d'abord été conçu pour être souple, en vous permettant d'aller au rythme qui convient à votre animal. Que le cours dure six ou soixante semaines importe peu, pourvu qu'il y ait progression constante. Si vous éprouvez des difficultés ou que votre chiot semble présenter des difficultés d'apprentissage, recherchez l'aide d'un professionnel le plus rapidement possible, car il sera plus difficile pour votre animal de se débarrasser d'habitudes acquises sur une longue période.

Les techniques de dressage présentées dans ce guide s'adressent surtout à des chiots âgés de trois à cinq mois. Elles conviennent aussi à des chiens et à des chiots de tous âges, mais il faudra peut-être un peu plus de temps si votre chiot est plus âgé, car il aura sans doute déjà pris quelques habitudes indésirables. Si votre chiot est très timide, vous devrez prendre plus de temps pour ne pas le brusquer.

Un entraînement adéquat durant la première année de vie de votre chiot l'aidera à devenir un chien adulte bien dressé et bien adapté à son environnement. Tous les chiots ont la possibilité de progresser, mais cela dépend de l'effort déployé par leurs maîtres. Le temps et l'attention que vous consacrerez à votre animal pendant qu'il est encore suffisamment jeune pour se conformer à vos vues se verront récompensés. Assurez-vous d'en faire un peu chaque jour, de vous amuser pour ne pas que le dressage devienne une corvée, et en peu de temps, à l'aide des informations fournies dans ce guide, vous serez l'heureux maître d'un chien adulte bien élevé que vous pourrez emmener partout.

Nota

Pour éviter d'avoir à répéter constamment il ou elle, le masculin sera employé tout au long du guide pour désigner les chiots. Cet usage ne reflète pas de préférence pour les mâles, car les chiots des deux sexes présentent des caractéristiques similaires et sont tout aussi faciles à entraîner.

Commencez lorsque vous vous sentez prêt

Commencez dès que vous vous sentez prêt en encourageant votre chiot à faire ce qu'il faut, tout en prévenant les comportements indésirables ou en y mettant un terme. Il vous sera plus facile de favoriser un bon comportement à votre animal si vous le faites dès le début.

Il faudra sans doute quelques mois à votre chiot pour apprendre à vivre avec des humains et s'adapter complètement à son nouvel environnement. Vous devrez donc faire preuve de patience. Le dressage proprement dit peut attendre quelques semaines, le temps que votre chiot s'adapte, mais il n'est jamais trop tôt pour acquérir de bonnes habitudes.

Pour enseigner les bonnes manières à un chiot, vous devez être à ses côtés pour le surveiller. Pendant la première année, surveillez-le lorsqu'il est dans la maison et dans le jardin, et encouragez-le à bien se comporter afin qu'il puisse être félicité et récompensé.

Si votre chiot affiche déjà un comportement indésirable, mettez fin immédiatement aux agissements incorrects et montrez-lui ce qu'il devrait faire en le félicitant lorsqu'il le fait. Comme il a peut-être découvert à quel point il était amusant d'agir de façon indésirable, vous devez le surveiller étroitement pour l'empêcher de recommencer.

N'oubliez pas de le récompenser lorsqu'il se comporte bien spontanément, par des félicitations, des jeux et des friandises. Il est facile d'oublier d'encourager votre chiot lorsqu'il se comporte bien, car vous risquez de tenir ses bonnes habitudes pour acquises, mais il est important de le récompenser pour qu'il ait envie de bien agir le plus souvent possible.

BONNES HABITUDES

Pendant la première année de votre chiot :
- encouragez et récompensez les comportements qui vous plaisent ;
- ignorez ou prévenez les comportements qui vous déplaisent.

BONNES MANIÈRES

Lorsqu'ils font l'acquisition d'un chiot, la plupart des gens espèrent s'en occuper durant toute sa vie. Malheureusement, ce n'est pas toujours possible et les chiots doivent parfois être placés dans un nouveau foyer.

Pour vous assurer que votre chiot ait droit à une seconde chance et à un nouveau foyer si la chose se présente, essayez de le dresser de façon à ce que son comportement soit acceptable en tous lieux. Il est possible que vous ne soyez pas contrarié s'il saute, dort sur le lit, déteste les enfants, mord la serviette lorsqu'on le sèche ou qu'il est agressif par rapport à sa nourriture, mais d'autres pourraient trouver ces comportements moins acceptables. Pour le rendre plus facile à vivre et qu'il s'adapte à n'importe quel maître, il est recommandé d'éliminer tout comportement indésirable et de lui enseigner les bonnes manières dès son plus jeune âge. Si vous êtes en mesure de lui inculquer de bonnes habitudes pendant qu'il est encore jeune, ce comportement approprié deviendra chez lui comme une seconde nature au fur et à mesure qu'il grandira.

Questions-réponses

Q **Où dois-je installer mon chiot lorsque je ne suis pas en mesure de le surveiller ?**

R Un parc à chiot empêchera votre animal de faire des dégâts et d'acquérir de mauvaises habitudes lorsque vous n'êtes pas là pour le surveiller.

Q **Quel type de parc devrais-je me procurer et de quelles dimensions ?**

R Vous devez acheter un parc sécuritaire et suffisamment grand pour qu'il dispose d'aires de jeu et de repos séparées.

Q **Combien de temps devrait-il passer dans le parc ?**

R Assurez-vous que le chiot est dans le parc pendant de courtes périodes seulement et jamais plus d'une heure à la fois.

Q **Mon chiot est réticent à entrer dans son parc. Comment puis-je l'amener à y entrer sans le forcer ?**

R Encouragez-le en lui offrant des récompenses lorsqu'il est fatigué et a besoin de repos.

Q **Que devrais-je mettre dans le parc ?**

R Recouvrez le plancher du parc avec du polyéthylène, puis ajoutez une couche de papier journal. Donnez l'occasion à votre chiot de faire ses besoins avant de le confiner à son parc. Laissez-lui un peu d'eau dans un petit bol ainsi que quelques jouets et des objets à mâchouiller, tout en vous assurant qu'il dispose d'un lit confortable pour se reposer.

RECOMMANDATIONS

- Essayez de prévenir les comportements indésirables en les anticipant, de façon à ce qu'il n'apprenne pas les « bienfaits » d'un comportement indésirable.

- Placez les objets auxquels vous ne voulez pas qu'il touche hors de sa portée et bloquez l'accès aux câbles et à d'autres accessoires dangereux qu'il serait susceptible de mâchouiller.

- Donnez-lui plusieurs objets avec lesquels il pourra jouer et satisfaire sa curiosité.

Développer une bonne relation avec votre animal

Il est essentiel que vous développiez une bonne relation avec votre chiot pour qu'il acquière de bonnes habitudes et s'adapte bien. Une relation fondée sur l'amitié et la confiance fera qu'il s'efforcera de vous plaire pour obtenir votre approbation et vos encouragements, et par le fait même, il sera mieux disposé à faire ce que vous lui demanderez.

Créer ce lien de confiance prend un certain temps et n'apparaît pas du jour au lendemain. Les jeunes chiots ont besoin d'apprendre à comprendre les humains et à communiquer avec eux, car après tout, nous appartenons à une espèce différente de la leur. Cependant, une approche interactive régulière, douce et attentionnée au cours de la première année de vie de votre chiot lui permettra d'apprendre facilement, car il se sentira en confiance et assuré d'être bien traité.

Le jeu contribue à développer ce lien entre le maître et son chien, et à le renforcer. Les chiots ne savent pas automatiquement comment jouer avec les humains, car ils ont grandi avec les autres chiots de la même portée qui se mordent pour jouer. D'ici à ce qu'ils apprennent comment interagir avec les humains, ils agiront de la même façon en nous mordant les mains, les pieds et toute partie de notre corps qui bouge rapidement, de la même façon qu'ils jouaient avec les autres chiots. Puisqu'il s'agit d'un type de jeu que beaucoup de gens voudront proscrire, surtout pour les enfants et les personnes âgées qui ont souvent la peau moins épaisse, il est important de leur apprendre à s'amuser avec des jouets.

Lorsqu'ils sont excités, les chiots essaient de se livrer à leur jeu favori. Offrez un jouet à votre animal lorsqu'il est excité par la venue d'un visiteur, lorsque vous l'approchez après une période d'absence ou en toute autre occasion où il montre l'envie de faire quelque chose.

Excitez-le en faisant bouger le jouet et en lui permettant de le saisir de temps à autre. Essayez de vous amuser et de vous concentrer sur le jouet et le jeu plutôt que sur l'animal. Chaque animal a des goûts particuliers et n'aime pas nécessairement les mêmes jeux que les autres. Ainsi, vous devrez expérimenter avec des jeux de poursuite, cacher un jouet ou utiliser des jouets qui font du bruit pour savoir ce que votre chiot préfère.

Jouez avec énergie, mais arrêtez immédiatement et éloignez-vous si le jeu devient trop rude ou si l'animal vous mord les mains accidentellement. En agissant ainsi, vous lui apprendrez à être moins agressif au jeu et à éviter d'utiliser ses dents sur la chair humaine.

UN PARTENARIAT HEUREUX

Une relation basée sur l'amour et la confiance est la meilleure assise qui soit pour vivre une relation facile et agréable avec votre chiot. Un dressage positif, beaucoup de jeux avec des jouets et la satisfaction de ses besoins en feront un chiot bien élevé et content qui s'efforcera de vous faire plaisir.

RECOMMANDATIONS

• Jouez souvent avec votre chiot. Choisissez des moments libres, par exemple lorsque la bouilloire est sur le feu ou durant la pause publicitaire d'une émission de télévision. Conservez un jouet hors de portée du chiot dans chacune des pièces de la maison et remettez-le à sa place une fois le jeu terminé afin qu'il y ait toujours un jouet à portée de pattes.

• Jouez régulièrement avec votre animal. Vous l'aiderez ainsi à dépenser son trop-plein d'énergie, le rendant plus facile à vivre. En plus de lui permettre de dépenser son énergie, le jeu contribue à l'épuisement mental du chiot, ce qui le calme.

• Jouer avec votre chiot l'intéressera davantage à vous, favorisera un meilleur lien entre vous et lui, et sera bénéfique pour son dressage.

• Utilisez des jouets souples que votre chiot pourra mordre facilement. Les jouets en plastique rigide sont difficiles à saisir et s'avèrent parfois douloureux pour un chiot qui fait ses dents.

QUAND ÇA VA MAL...

Certains événements ou comportements de votre chien vous fâcheront ou vous frustreront. Sachez qu'il est naturel, mais non recommandé de vous en prendre au chiot. Comme il s'agit d'incidents isolés dans un contexte émotif généralement calme, votre chiot devrait être en mesure de l'accepter. En employant les méthodes de dressage positives décrites dans ce guide, vous parviendrez à créer un système de communication qui vous permettra de dire à votre animal ce que vous attendez de lui. Ainsi, la confusion et la frustration seront moindres, et il en résultera une relation plus harmonieuse avec votre animal, surtout pendant la difficile période de l'adolescence.

• Une bonne relation est basée sur l'amour et la confiance.

• Souvenez-vous que votre chiot ne parle pas votre langue.

• Il faut y mettre le temps pour développer un partenariat qui marche.

Comment réagir lorsque votre chiot mord pour jouer

Si votre chiot vous mord pour jouer, c'est simplement sa façon de vous demander de jouer avec lui. Avec les autres chiots de sa portée, il a tendance à se précipiter vers eux et à les mordre pour les encourager à jouer. Les autres chiots réagissent en mordant à leur tour et il s'ensuit un jeu vigoureux, tout en culbutes. Ainsi, il est tout à fait normal pour un chiot d'employer la même méthode pour vous encourager à jouer avec lui.

Toutefois, contrairement à la peau de ses congénères, la nôtre est mince et dépourvue de fourrure, et lorsqu'un chiot nous plante ses dents pointues dans la peau, c'est douloureux. Il est donc important d'apprendre à votre chiot des jeux plus appropriés en lui donnant des jouets.

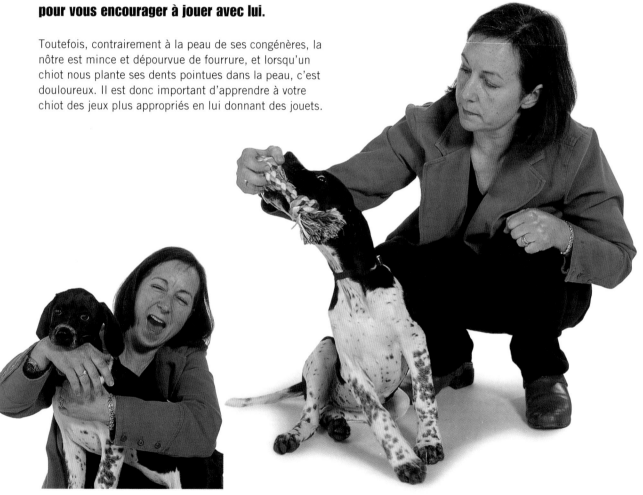

Au début, votre chiot trouvera que les jeux avec des jouets sont peu amusants par rapport aux jeux plus vigoureux de morsures et de culbutes. Cependant, si ce sont les seuls jeux auxquels il a accès, il finira par s'y habituer et aimer votre façon de jouer.

Tant que votre chiot n'aura pas appris qu'il ne doit pas mordre les humains, vous devrez garder un jouet à portée de main chaque fois que vous jouerez avec lui. Offrez-lui le jouet afin qu'il puisse le mordre au lieu de votre main et faites-le bouger pour qu'il soit attiré par l'objet. S'il vous mord plutôt que le jouet, essayez de garder cette partie de votre corps immobile et attirez de nouveau le chiot vers le jouet en

l'agitant vigoureusement. Moins vous réagirez aux morsures de votre chiot, plus vite il se rendra compte que ce comportement n'est pas apprécié. En revanche, encouragez-le et félicitez-le lorsqu'il mord le jouet et accompagnez-le dans des jeux excitants. Ainsi, il apprendra rapidement qu'il faut mordre dans les jouets et qu'ils servent d'intermédiaire au jeu avec les humains.

PLUS DE CONTRÔLE

Si votre chiot est plus âgé et plus fort et qu'il continue à mordre pour jouer ou qu'il vous mord lorsque vous vous éloignez, attachez une laisse à son collier et utilisez-la pour l'empêcher de vous atteindre. Ne le laissez s'approcher que lorsqu'il mord le jouet; sinon, tenez-le à une distance sécuritaire au moyen de la laisse. Cette méthode est particulièrement efficace pour enseigner aux chiots que les enfants ne sont pas comme les chiots de sa portée, même s'ils sont enjoués, amusants et qu'ils sont plus de leur taille que les adultes.

RECOMMANDATIONS

• Allez-y doucement lorsque vous vous livrez à des jeux de résistance (avec une corde, par exemple), car votre chiot risque parfois de perdre des dents et d'avoir mal à la gueule.

• N'oubliez pas que les chiots ont besoin de temps pour apprendre à jouer avec les humains. Soyez patient et montrez-lui comment s'amuser avec des jouets.

POUR VENIR À BOUT DES MORSURES

Si vous avez des enfants, que vous êtes âgé ou que votre chiot mord très fort et qu'il est impossible d'ignorer ses morsures, vous devrez faire comprendre à votre chiot qu'il vous fait mal.

• Pour ce faire, dites « aïe » fort dès que vous avez été mordu, relevez-vous lentement et éloignez-vous. Ce geste aidera le chiot à comprendre que les morsures fortes et douloureuses provoquent la fin d'un jeu et la perte de contact social, ce qui l'amènera progressivement à faire plus attention.

• Surveillez de près les jeunes enfants lorsqu'ils jouent avec votre chiot et mettez fin à tout jeu au cours duquel l'animal mord la peau ou les vêtements.

• Apprenez à l'enfant et au chiot à utiliser des jouets pour s'amuser ensemble.

Les enfants et les chiens

Si vous avez des enfants, il est important que votre chiot apprenne à interagir avec eux de façon sécuritaire et appropriée. Lorsqu'ils sont laissés à eux-mêmes, les deux sont susceptibles de traiter l'autre comme un jouet, de se comporter de façon inadéquate et d'acquérir de mauvaises habitudes.

Comme les enfants et les chiots sont jeunes et inexpérimentés, il est important qu'un adulte soit présent en tout temps pour surveiller leurs interactions. Cela peut sembler inutile, mais il est préférable d'investir du temps et des efforts dès le plus jeune âge pour favoriser la création de bonnes habitudes plutôt que d'essayer de régler des problèmes plus tard.

Comme les premières impressions sont importantes, il est préférable que les enfant soient assis lorsqu'on leur présente un chiot pour la première fois. Ils peuvent donner des récompenses au chiot en présentant le plat de la main lorsque celui-ci s'approche pour faire connaissance.

Une fois que le chiot est habitué à la présence d'un enfant, apprenez leur à tous les deux à s'amuser ensemble avec des jouets. Expliquez à l'enfant comment toucher le chiot délicatement, mais seulement une fois que celui-ci a été habitué d'être touché sur tout son corps par des adultes.

D'AUTRES CHIENS À LA MAISON

Si vous possédez un autre chien ou que vous essayez d'élever deux chiots en même temps, il est très important que le chiot joue davantage avec des humains qu'avec l'autre animal. Les jeux rudes où les chiens se mordent entre eux sont plus amusants qu'apprendre à jouer avec des humains. Bien qu'il soit agréable de voir votre chien jouer avec des congénères, il faut en limiter les occasions, car votre chiot risquerait de développer un lien étroit avec d'autres chiens au lieu de s'attacher à vous. En conséquence, il s'intéressera moins à vous et sera beaucoup plus difficile à dresser. De plus, à l'âge adulte, il pourrait ne pas répondre à votre appel lorsqu'il jouera avec d'autres chiens dans un parc.

Questions-**réponses**

Q **Que dois-je faire pour que les enfants arrêtent de nourrir le chiot à table ?**

R Utilisez des barrières d'escalier ou un parc pour enfermer le chiot pendant que les enfants mangent afin que celui-ci ne prenne pas l'habitude de déranger les enfants pendant leur repas ou de mendier de la nourriture.

Q **Comment puis-je m'assurer que tout se passe bien lorsque je suis absent ?**

R Si vous ne pouvez être présent pour surveiller votre chiot, installez-le dans son parc afin qu'il se repose et apprenne à s'amuser seul plutôt que de s'habituer à courir après les enfants ou à les mordre faute de surveillance.

Q **Comment mes enfants devraient-ils présenter des récompenses au chiot ?**

R En les présentant dans le plat de la main, tout en gardant les doigts et le pouce collés pour que le chiot puisse prendre la récompense sans risquer de mordre accidentellement leur main. Il est préférable d'expliquer cette façon de faire aux enfants avant l'arrivée du chiot.

Q **Si je n'ai pas d'enfants, mais que je désire que mon chiot s'habitue à leur présence, que dois-je faire ?**

R Il est important que votre chiot apprenne à interagir avec des enfants de divers âges et ce, le plus tôt possible. Suivez les directives sur la socialisation (voir pages 36-37) pour vous assurer que le chiot s'adapte bien en vieillissant et soit en mesure d'apprécier et de tolérer la compagnie d'enfants lorsqu'il sera plus âgé.

RECOMMANDATIONS

• Pour que votre chiot s'intéresse aux humains et soit un compagnon plus agréable, assurez-vous qu'il joue environ trois fois plus avec des humains qu'avec d'autres chiens. Par exemple, s'il joue avec d'autres chiens pendant 5 minutes, vous devez jouer avec lui 15 minutes (courtes séances de jeu).

• Limitez ses contacts avec les autres chiens ou chiots de votre maisonnée, à moins que vous ne soyez présent pour le surveiller et l'encourager à jouer avec vous plutôt qu'avec ses congénères. Employez une barrière d'escalier ou un parc pour y parvenir.

• Si vous jouez beaucoup avec votre chiot et que vous maintenez son attention sur vous, il sera plus facile à dresser et vous serez un maître comblé.

• Si vous possédez plus d'un chien, sortez votre chiot sans la présence du chien adulte afin qu'il devienne indépendant et se sente en confiance lorsqu'il est seul.

La propreté à l'intérieur de la maison

Tout animal né dans une nichée peut développer de bonnes habitudes de propreté à l'intérieur de la maison, car il est naturellement entraîné à garder son lit propre. Vous devez enseigner à votre chiot que toute la maison est un prolongement de son lit.

Il est possible d'apprendre la propreté à un chiot très rapidement. Pour y parvenir, vous devez être vigilant (les chiots ont des cerveaux et des corps immatures et ne peuvent se retenir très longtemps) et sortir régulièrement avec votre chiot pour aller à l'endroit où il devrait faire ses besoins. Ayez-le à l'œil lorsqu'il se promène librement dans la maison. Vous devez toujours savoir où il est et ce qu'il fait. S'il commence à tourner en rond et à renifler le sol, à émettre des gémissements prolongés, à se promener et qu'il a l'air mal à l'aise ou s'il semble se concentrer, le regard distrait, emmenez-le dehors le plus rapidement possible.

Sortez avec lui, même s'il pleut. Laissez-le courir et renifler, car ces gestes l'aideront à se détendre et il sera mieux disposé à faire ses besoins. Félicitez-le lorsqu'il commencera à s'exécuter.

Restez dehors avec lui, même s'il fait froid et qu'il pleut. Si vous n'êtes pas présent pour le surveiller, il voudra revenir à la maison, où il se sent en sécurité, et n'aura toujours pas fait ses besoins.

Lorsque vous avez des visiteurs, il est facile d'oublier les besoins de votre chiot, mais l'excitation causée par l'arrivée de nouvelles personnes peut provoquer chez lui une envie d'uriner. N'oubliez pas de l'emmener faire un tour au jardin dès que vos visiteurs se seront installés.

SORTIR LE CHIOT
- après qu'il ait mangé ;
- après qu'il ait joué ;
- après toute excitation ;
- après qu'il ait dormi ou se soit reposé ;
- à toutes les 1 à 2 heures.

COMBIEN DE TEMPS FAUT-IL ?

Si vous maintenez un bon rythme et que vous êtes suffisamment patient et vigilant, votre chiot devrait être propre en l'espace de quelques semaines et certainement avant l'âge de six mois. Toutefois, certains chiots prennent plus de temps que d'autres à acquérir de bonnes habitudes à l'intérieur de la maison, et il ne faut pas être trop exigeant dès le départ. Le jeune cerveau de votre chiot a besoin de temps pour assimiler l'information nécessaire et il faudra un certain temps avant qu'il soit en mesure de contrôler pleinement son corps. Ne vous attendez pas à ce qu'il soit tout à fait propre avant l'âge de six mois, surtout la nuit lorsqu'il doit attendre plusieurs heures avant d'avoir la possibilité d'aller dehors.

Si vous ne pouvez être avec lui ou que vous êtes incapable de vous concentrer sur lui, installez-le dans un parc à chiot suffisamment grand pour servir à la fois de lit et de toilette, recouvert de polyéthylène et de journaux. Ainsi, s'il doit faire ses besoins en votre absence, il ne prendra pas l'habitude de salir la maison. Dès que vous aurez un moment de libre, conduisez-le à l'extérieur.

Questions-réponses

Q **Pourquoi mon chiot fait-il des dégâts après avoir été propre pendant un certain temps ?**

R Il faut un certain temps pour acquérir de bonnes habitudes et vous devez vous attendre à ce qu'il se produise des accidents de temps à autre. Vous devez en conclure que c'est votre surveillance qui n'est pas appropriée au lieu de penser que votre chiot a des problèmes d'apprentissage.

Q **Que dois-je faire si je le vois en train de faire ses besoins dans la maison ?**

R Essayez de ne pas vous fâcher, mais dépêchez-vous de le faire sortir de la maison et restez dehors avec lui jusqu'à ce qu'il ait fini ses besoins, puis enfermez-le dans une autre pièce pendant que vous nettoyez les dégâts.

Q **Quel est le meilleur moyen de nettoyer les dégâts ?**

R Nettoyez tout dégât avec un détergent biologique. Laissez le produit sécher et essuyez-le avec de l'alcool à 90° (faites d'abord un essai pour vous assurer que le produit n'altérera pas la couleur de la moquette). Ce moyen permet d'éliminer l'odeur qui risquerait de lui donner envie de retourner faire ses besoins au même endroit la fois suivante.

RECOMMANDATIONS

• La nuit, installez le parc du chiot à l'étage des chambres pour qu'il ne soit pas en mesure de se promener partout dans la maison, mais pour que vous puissiez l'entendre s'il se réveille et doive faire ses besoins.

• Si vous l'entendez se promener, conduisez-le immédiatement à l'extérieur et attendez avec lui qu'il ait fini, même s'il fait froid, s'il fait noir et qu'il pleut, car il deviendra propre plus rapidement si vous agissez ainsi.

• Ne lui portez pas attention la nuit, à moins qu'il doive aller faire ses besoins, sinon il vous tirera du lit chaque fois qu'il s'ennuiera ou qu'il voudra avoir de la compagnie.

Lui apprendre le mot « non »

Il est utile d'enseigner à votre chiot que « non » veut dire « éloigne-toi de ce qui t'intéresse et tu seras récompensé ». Cet exercice est facile à enseigner et peut servir si, par exemple, votre chiot s'approche trop des biscuits posés sur une table basse ou mord vos doigts avec trop de force.

Votre chiot doit apprendre que les humains finissent toujours par avoir le dernier mot et qu'il vaut mieux se soumettre le plus rapidement possible. C'est pourquoi vous devez lui demander de faire quelque chose qui ne lui tente pas uniquement lorsque vous maîtrisez la situation.

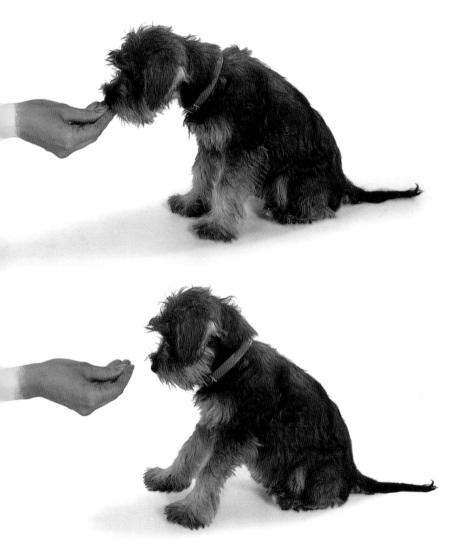

1 Donnez une friandise à votre chiot. Tenez-en une autre hors de sa portée, dites « non » et maintenez-la fermement entre votre pouce et votre index. Laissez votre chiot la lécher, la mâchonner et donner un coup de patte sur votre main, mais ignorez ce comportement. Soyez patient, gardez la main immobile et attendez de voir un écart apparaître entre votre main et le museau du chiot, alors vous devrez lui donner immédiatement la récompense.

2 Répétez l'exercice jusqu'à ce que votre chiot apprenne que lorsque vous dites « non », il doit éloigner son museau pour obtenir la récompense. Répétez cet exercice durant plusieurs séances jusqu'à ce qu'il éloigne la tête dès que vous dites « non ». Avec le temps, prolongez graduellement l'attente jusqu'à ce que vous puissiez compter jusqu'à 10 avant d'offrir la récompense. Faites cet exercice à divers endroits et dans différents contextes.

RECOMMANDATIONS

• Tenez votre main immobile lorsque vous dites « non ».

• Pour commencer, donnez la friandise dès que vous voyez apparaître un écart entre votre main et le museau de votre chiot.

• Dites « non » une seule fois, puis ne faites plus rien et attendez que le chien retire son museau pour avoir la récompense.

• Lorsque vous employez le mot « non » dans une situation réelle, par exemple quand votre chiot veut prendre quelque chose sur la table de cuisine, récompensez-le s'il obéit et offrez-lui une friandise dont le goût lui plaît particulièrement pour renforcer son bon comportement.

• Si votre chiot mord ou griffe vos doigts avec trop de force, portez un vieux gant de cuir lorsque vous lui apprenez le commandement « non ». Lorsque vous retirez votre gant, vous devez continuer de lui enseigner à obéir au « non », mais il devrait obéir plus rapidement et l'exercice devrait s'avérer moins douloureux.

Questions-réponses

Q **Mon chiot ne m'obéit pas. Dois-je adopter une mesure disciplinaire ?**

R Vous n'avez pas besoin de le disputer, de crier après lui ou de le punir, mais vous devrez vous montrer déterminé à lui faire adopter le comportement que vous désirez. Cela permettra à votre chiot d'apprendre à composer avec des sentiments de frustration qui se produiront inévitablement lorsqu'il ne pourra pas agir à sa guise.

Q **Quand devrais-je commencer à insister pour qu'il m'obéisse ?**

R Tous les chiots et les humains doivent apprendre à composer avec le sentiment que provoque le fait de ne pouvoir agir à leur guise, et il est plus facile de l'enseigner à votre chiot pendant qu'il est petit plutôt que d'attendre qu'il soit plus âgé et plus fort.

Q **Que dois-je faire s'il est contrarié ou aboie après moi ?**

R Si votre chiot ne peut agir à son gré et se fâche ou s'il aboie, continuez à l'empêcher de faire ce qu'il désire jusqu'à ce qu'il se calme, puis récompensez-le généreusement.

FIXER DES LIMITES

En fixant des limites à votre chiot, vous en ferez un animal accommodant, docile et agréable à vivre. Insistez toujours fermement mais avec douceur pour vous faire obéir, par exemple pour l'empêcher de grimper sur le sofa. Ainsi, il apprendra qu'il n'a rien à gagner en vous résistant.

N'oubliez pas de bien récompenser votre chiot une fois qu'il a accompli ce que vous lui avez demandé.

Le mâchonnement

Le mâchonnement est une activité naturelle pour un chiot. Il est important de tenir compte des diverses étapes d'apprentissage de l'animal et de lui offrir des objets qu'il pourra mâchonner pour l'empêcher d'endommager des biens de valeur.

Les chiots perdent leurs premières dents entre l'âge de quatre et six mois, puis leurs dents d'adulte commencent à pousser. Au cours de cette période, ils ont tendance à mâchonner beaucoup pour soulager l'inconfort qu'ils éprouvent dans leur gueule, tout comme les bébés. Les chiots mâchonnent aussi dans un but exploratoire, pour se familiariser avec les objets qui les entourent, un peu comme le font les tout-petits avec leurs mains.

Vous trouverez en magasin de nombreux objets à mâchonner destinés aux chiens, achetez-en quelques-uns et placez des objets différents devant votre chiot chaque jour en prenant soin de retirer ceux auxquels il n'a pas touché depuis un bon moment. Cette alternance fera en sorte que votre chiot disposera constamment de jouets nouveaux susceptibles d'éveiller son intérêt. Lorsque vous devez le laisser seul, installez-le dans un parc à chiot avec quelques jouets et objets à mâchonner qu'il n'a pas vus depuis quelque temps afin qu'il ne commence pas à gruger des choses qu'il ne devrait pas durant votre absence.

Donnez à votre chien des objets résistants qui autrement seraient mis au rebut, par exemple des boîtes en carton ou des bouteilles en plastique épais qui lui donneront l'occasion d'utiliser ses mâchoires, ce qui réduira le besoin d'acheter des accessoires dans une animalerie. Encouragez-le à s'intéresser à ces accessoires en plaçant des friandises savoureuses à l'intérieur. Ne lui donnez ces objets que lorsque vous êtes présent pour le surveiller et retirez tout morceau qu'il pourrait avaler ou qui présente un danger.

TENEZ-LE OCCUPÉ

À l'occasion, vous pouvez insérer des aliments savoureux à l'intérieur d'un jouet, par exemple du fromage à la crème, du beurre de cacahuète ou des morceaux de fromage, de viande ou de biscuit. Ces jouets farcis occuperont le chiot pendant un bon moment, ce qui vous permettra entre-temps de vaquer à des occupations plus importantes. Votre chiot apprendra ainsi à se tourner vers des jouets la prochaine fois qu'il aura envie de mâchonner quelque chose.

RECOMMANDATIONS

• En offrant à votre chiot plusieurs objets qu'il aimera mâchonner, vous comblerez son besoin d'exercer ses mâchoires et parviendrez à l'intéresser. Ainsi, il sera moins tenté de mâchonner des objets auxquels il ne doit pas toucher.

• Comme votre chiot n'est pas né avec la capacité de différencier ce qui est bien et ce qui ne l'est pas, il importe de le surveiller et de l'éduquer. Efforcez-vous de lui accorder de l'attention lorsque vous êtes en sa compagnie et de détourner son attention lorsqu'il veut mâchonner un objet auquel vous ne voulez pas qu'il touche.

• Mettez à l'écart les objets précieux ou dangereux de façon à ce qu'il ne puisse y avoir accès.

• Facilitez-lui la tâche en lui permettant de mâchonner les objets que vous lui avez offerts à cette fin et félicitez-le lorsqu'il fait ce que vous voulez.

LE MÂCHONNEMENT À L'ADOLESCENCE

Les chiots de certaines races ont tendance à mâchonner davantage que d'autres. Les chiens de chasse, surtout les labradors, qui ont été sélectionnés au fil des générations en raison de leur habileté à employer leur gueule, sont davantage enclins à mâchonner des objets au cours de leur première année d'existence.

Pendant l'adolescence, soit de 6 à 12 mois environ, votre chiot est plus susceptible de mâchonner toutes sortes de choses, et s'il est plus gros, il causera plus de dégâts. Soyez aux aguets.

• Traitez-le de la même façon que vous l'avez fait lorsqu'il faisait ses dents, de sorte qu'il ne détruise rien de précieux.

• Pour vous aider à traverser cette étape, faites-lui faire beaucoup d'exercices physiques et mentaux, et assurez-vous qu'il a suffisamment d'occasions pour explorer l'environnement à l'extérieur de la maison.

• Donnez-lui chaque jour plusieurs objets à mâchonner.

Problèmes et solutions

Tous les propriétaires de chiots, quelle que soit leur expérience, éprouvent des problèmes de temps à autre. Cette section, insérée à la fin de chacun des chapitres, présente des solutions aux problèmes les plus courants. Si vous êtes confronté à des problèmes plus difficiles, demandez conseil à des spécialistes du comportement canin, à des dresseurs ou à des amis expérimentés.

Problème n° 1
Mon chiot de cinq mois fait des dégâts dans la cuisine chaque soir.

Il faut un certain temps aux chiots avant qu'ils puissent contrôler leur corps, et vous ne pouvez vous attendre à ce qu'un chiot soit complètement propre avant d'avoir atteint l'âge de six mois. Toutefois, vous devrez apprendre à votre animal à être propre la nuit.

• Envisagez la possibilité de lui donner accès à votre chambre à coucher et à le restreindre à un espace défini et limité afin que vous puissiez l'entendre lorsqu'il se réveille et qu'il commence à se promener.

• Conduisez-le à l'extérieur et restez avec lui de façon à le féliciter lorsqu'il fera ses besoins (si vous ne le faites pas à chaque fois, son apprentissage sera beaucoup plus long).

• Lorsqu'il aura été propre toute la nuit pendant une période de deux semaines, remettez-le dans la cuisine. Auparavant, nettoyez le plancher à fond (voir page 17) pour éliminer toute odeur persistante susceptible de l'encourager à reprendre ses anciennes habitudes.

Problème n° 2

Notre nouveau chiot ne manifeste aucun intérêt pour le jeu, quels que soient nos efforts pour l'y intéresser, et il semble avoir peur des jouets.

Certains chiots qui n'ont pas eu l'occasion d'interagir régulièrement avec des humains lorsqu'ils étaient en période de sevrage s'avèrent parfois timides et quelque peu effarouchés par les humains. Votre chiot a peut-être besoin de vous connaître davantage avant de se sentir suffisamment en confiance pour prendre le risque de jouer avec vous.

• Faites en sorte qu'il se sente en sécurité en vous montrant délicat et gentil avec lui et en faisant rouler des jouets à une certaine distance de lui sans vous approcher ni insister pour qu'il vienne jouer avec vous.

• Lorsqu'il sera plus à l'aise avec les humains, vous noterez sans doute qu'il est plus porté vers le jeu lorsqu'il est excité. Profitez de l'occasion pour lui présenter des jouets attrayants et souples et jouer délicatement avec lui. Mettez des morceaux de nourriture savoureuse à l'intérieur d'un jouet afin qu'il soit attiré par celui-ci.

• N'oubliez pas d'entretenir une atmosphère de jeu et de plaisir et de vous concentrer sur le jouet plutôt que sur le chiot.

LE NOM DE VOTRE CHIOT

Votre chiot apprendra rapidement à vous prêter attention lorsqu'il vous entendra l'appeler par son nom et que vous aurez quelque chose de bon à lui offrir. Au bout d'un certain temps, votre chiot commencera à vous regarder pour voir ce qui l'attend lorsque vous prononcez son nom.

Une fois qu'il réagira à son nom, vous pourrez obtenir de lui qu'il vous regarde juste avant de lui adresser un commandement pendant les exercices de dressage. Il est inutile de dire son nom s'il vous regarde déjà et qu'il est intéressé. Appelez-le par son nom seulement lorsqu'il regarde ailleurs ou qu'il a autre chose en tête.

LES SIGNAUX ET LES MOTS À EMPLOYER

Tous les membres de la famille devraient se consulter pour décider des signaux et des mots à employer visant à ordonner diverses actions au chiot. Employez toujours les mêmes signaux et commandements pour éviter que le chien ne soit mêlé et pour accélérer son dressage.

Action	Commandement vocal (Écrivez le commandement vocal que vous avez choisi sur la ligne pointillée.)	Signal de la main
S'asseoir	----------------------	
Se coucher	----------------------	
Se lever	----------------------	
Attendre	----------------------	
Accourir sur appel	----------------------	
Marcher avec une laisse relâchée	----------------------	

Introduction au dressage basé sur la récompense

Le dressage basé sur la récompense est plus doux et plus efficace, tant pour les chiots que pour les maîtres, que les méthodes désuètes faisant appel aux punitions. Les récompenses rendront le dressage plus amusant et non seulement permettront-ils de renforcer votre lien avec votre chiot, mais l'inciteront aussi à bien se comporter.

Pour bien dresser votre chiot, vous devez trouver quelque chose qui l'excite. Les chiots, lorsqu'ils sont très jeunes, sont susceptibles d'être excités lorsque leurs maîtres les félicitent. Cependant, comme la plupart sont habitués de recevoir en tout temps de l'affection de la part de leur maître, il faut un petit extra pour les encourager à travailler suffisamment fort pour apprendre les exercices. Essayez de trouver ce qui motive votre chiot en expéri-mentant les exercices illustrés dans la rubrique *Obtenir l'attention de votre animal* (voir pages 26-27) et utilisez ce qui l'intéresse le plus. Une fois que vous aurez obtenu toute son attention, le dressage sera plus facile.

Pour dresser votre animal, vous n'aurez besoin que d'un collier ordinaire à boucle et d'une laisse. Évitez les colliers et les laisses faits de chaînes, car ils risqueraient de blesser votre chiot au cou et de vous faire mal aux mains.

Assurez-vous que le collier va bien au chiot et que vous êtes en mesure de glisser deux doigts en dessous. Veillez à ce qu'il soit suffisamment serré pour ne pas glisser par-dessus la tête du chiot, ce qui lui permettrait de s'en défaire lorsque vous vous trouvez dans un lieu non sécuritaire. Continuez à vérifier que le collier est bien ajusté au fur et à mesure de la croissance de votre chiot. Fixez-y une plaque d'identité au cas où il se perdrait.

La synchronisation est importante pour que votre chiot apprenne facilement. Vous devez toujours récompenser votre chiot dès qu'il a agi correctement, de façon qu'il apprenne à associer la récompense à cette action particulière.

L'UTILISATION DE JOUETS

Certains chiots, particulièrement les plus âgés, font plus d'efforts lorsqu'il s'agit d'un jeu mettant en scène un jouet plutôt que de la nourriture. Les jouets souples qui peuvent être mordus et traînés sont les plus appropriés. Les jouets présentent cependant le désavantage de ne pas être toujours facilement utilisables comme appâts. Vous devrez par ailleurs offrir le jouet comme récompense et le reprendre ensuite, ce qui n'est pas toujours aussi simple et rapide que d'offrir une friandise. Toutefois, si votre chiot préfère les jouets aux friandises, vous devriez utiliser des jouets comme récompenses à des fins de dressage. Dans ce but, gardez toujours un de ses jouets préférés à portée de main afin de maintenir son intérêt.

Questions-**réponses**

Q **Quelles récompenses dois-je offrir à mon chiot ?**
R Il y a une foule de friandises savoureuses en magasin qui peuvent être réduites en petits morceaux.

Q **Il ne semble pas s'intéresser aux friandises commerciales. Puis-je utiliser autre chose ?**
R Du foie cuit coupé en petits cubes séchés au four ou du fromage sont généralement très appréciés par les chiots (ne lui donnez que de toutes petites quantités de foie ; gardez-en pour les exercices très difficiles).

Q **Puis-je lui donner des morceaux de sa nourriture habituelle comme récompenses ?**
R Les aliments mous et odorants sont généralement plus appropriés que la nourriture sèche et dure, mais certains chiots s'accommodent bien de la nourriture sèche concassée qui leur est habituellement servie.

Q **J'ai essayé de donner une nouvelle sorte de nourriture à mon chiot en récompenses mais il a eu des problèmes digestifs. Cela veut-il dire que je doive lui donner toujours la même nourriture ?**
R Si vous lui présentez de nouveaux aliments, faites attention de ne pas lui en donner une trop grande quantité au départ, car sa digestion risquerait d'en souffrir. Augmentez graduellement les quantités durant les premiers jours du dressage, de façon qu'il s'y habitue tranquillement.

Q **Mon chiot deviendra-t-il obèse si je lui donne des friandises ?**
R Ne laissez pas votre chiot prendre trop de poids parce que vous lui donnez trop de friandises. La meilleure façon d'éviter cet excès consiste à mesurer la quantité quotidienne de nourriture que vous lui donnez et à remplacer certains aliments par des friandises spéciales pour le dressage. Toutefois, assurez-vous que la nourriture et les friandises que vous lui donnez constituent un régime équilibré (demandez l'avis de votre vétérinaire).

RECOMMANDATIONS

• Utilisez les friandises que votre chiot préfère. Vous constaterez peut-être, au bout de quelques semaines, que votre chiot ne manifeste plus d'intérêt à travailler pour des friandises familières, et vous devrez donc les varier en lui en offrant de nouvelles chaque semaine.

• N'essayez pas de dresser votre chiot peu de temps après un repas. Comme il doit être intéressé à faire des efforts en vue d'obtenir les récompenses offertes, il doit avoir suffisamment faim pendant les séances de dressage.

• N'essayez pas de le dresser quand il est réellement affamé, car cela pourrait nuire à sa capacité de concentration.

• Les friandises doivent être offertes en petits morceaux pour que votre chiot ne soit pas rassasié trop rapidement. Nous vous recommandons d'offrir des morceaux de la grosseur d'un pois.

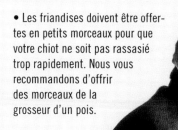

Obtenir l'attention de votre animal

Pour que votre chiot puisse apprendre quelque chose, il faut d'abord qu'il s'intéresse à vous. Ces jeux vous aideront à enseigner à votre chiot à se concentrer sur vous pendant tout le temps nécessaire pour lui montrer ce qu'il doit apprendre.

Les jeux décrits ci-dessous vous aideront à obtenir l'attention complète de votre chiot. Si vous désirez le dresser correctement, il s'agit là d'un aspect très important, car il devra porter toute son attention sur vous avant d'entreprendre chacun des exercices. Mettez ces jeux en pratique et utilisez-les pour aider votre chiot à s'imprégner d'une atmosphère qui lui permettra de bien apprendre et de s'intéresser à vous avant le commencement de chaque séance de travail.

Jouer à faire remuer la queue

Voyez si vous pouvez faire remuer la queue de votre chiot. Quel membre de votre famille réussit à faire bouger le plus la queue du chiot ? Quel geste fait-il que vous puissiez imiter ? Qu'est-ce qui attire le plus l'attention de votre chiot ? Faites le pitre, amusez-vous, offrez des récompenses, des jeux, et félicitez votre chiot d'une voix haute et excitée. Caressez-le délicatement et rapidement le long des côtés, tapez dans vos mains, bougez et faites le fou ! Plus vous réussirez à l'exciter, plus sa queue remuera et plus il vous accordera d'attention, ce qui sera bénéfique pour son dressage.

Le jeu du regard

Montrez à votre chiot que vous possédez quelque chose qu'il désire, dites son nom, tenez la récompense sous votre menton et attendez qu'il vous regarde. Donnez-lui ensuite la récompense ou jouez avec lui avec un jouet. Répétez cet exercice sur plusieurs séances jusqu'à ce que votre chiot vous regarde dès que vous prononcez son nom. Une fois que vous aurez obtenu un contact visuel facile sur appel de son nom, augmentez graduellement la période de temps pendant laquelle vous retenez son attention. Commencez lentement, comptez jusqu'à deux avant de donner la récompense, puis recommencez à compter jusqu'à trois avant d'offrir la récompense, et ainsi de suite.

CONDITIONS IDÉALES POUR APPRENDRE

En plus de s'intéresser à la nourriture et au jeu, votre chiot doit aussi être alerte et plein de vie. Choisissez des moments de la journée où il a eu suffisamment de repos, où il n'attend pas pour faire ses besoins et n'est pas susceptible d'être distrait par autre chose. Si votre chiot est turbulent et très énergique, organisez-lui une séance de jeu vigoureuse pendant laquelle il pourra courir à sa guise dans un endroit sécuritaire avant d'entreprendre la séance de dressage. Ainsi, vous serez assuré que votre chiot est dans un état calme, propice à l'apprentissage.

RÈGLES D'OR POUR LES SÉANCES DE DRESSAGE

• Visez la réussite à chaque séance.
• Répétez chaque exercice plusieurs fois par jour.
• Travaillez en séances courtes de trois minutes.
• Terminez chaque séance de travail sur une note positive.

Questions-
réponses

Q Mon chiot ne s'intéresse pas à moi lorsque j'essaie de jouer avec lui. Que dois-je faire ?
R Relaxez-vous, amusez-vous, faites le fou !

Q Mon chiot ne s'intéresse à aucun jouet. Comment l'y inciter ?
R Essayez de bouger les jouets rapidement et de façon imprévisible (imitez un petit animal en mouvement). Donnez à votre chiot l'occasion d'utiliser le jouet le plus souvent possible.

Q Mon chiot regarde partout, sauf dans mes yeux. A-t-il peur de moi ?
R Certains chiots sont timides et n'aiment pas fixer leur maître du regard. Récompensez votre chiot s'il vous jette un œil ou essaie de le faire, de façon à l'inciter à adopter le comportement souhaité.

Q Mon chiot est facilement distrait lorsque je joue avec lui. Que dois-je faire ?
R Essayez une autre fois, mais dans un endroit plus tranquille. Assurez-vous d'avoir en votre possession quelque chose que le chiot désire vraiment.

Q Mon chiot évite qu'on le touche. Comment puis-je lui faire perdre cette habitude ?
R Soyez le plus doux possible lorsque vous utilisez vos mains et allez-y plus lentement. Caressez le chiot le long de ses flancs plutôt que de le tapoter et évitez la région de la tête, plus sensible.

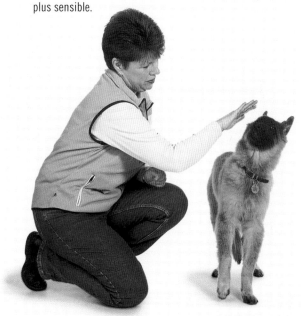

Le faire revenir sur appel

Obtenir de votre chiot qu'il accoure vers vous dès que vous l'appelez est l'une des choses les plus importantes à lui apprendre. Si votre chien revient vers vous lorsque vous l'appelez, vous pourrez lui permettre de jouer sans laisse et le laisser dépenser son énergie, avec pour résultat que, s'il a fait suffisamment d'exercice, il sera plus calme et plus docile. Enseigner à votre chien à obéir rapidement pourra lui sauver la vie s'il se trouve dans une situation dangereuse.

Commencez à enseigner le rappel à votre chiot pendant qu'il est encore très jeune et qu'il se plaît en votre compagnie. En vieillissant et lorsqu'ils atteignent l'adolescence, les chiots détournent leur attention vers le monde extérieur et il devient plus difficile de leur enseigner cet exercice.

1 Apprenez cet exercice à votre chiot à l'intérieur de la maison et dans le jardin, là où il peut se promener en toute sécurité, sans laisse. Demandez à quelqu'un de le tenir. Montrez-lui que vous avez une récompense, reculez de quelques pas et accroupissez-vous.

2 Demandez à la personne qui vous accompagne de relâcher le chiot lorsque vous l'appellerez, puis appelez votre animal.

3 Lorsqu'il vient à vous, récompensez-le bien en le félicitant et en lui offrant une friandise ou un jouet. Répétez l'exercice plusieurs fois en augmentant graduellement la distance entre vous et le chiot.

Appelez-le pour lui offrir des choses qu'il aime, par exemple faire une promenade, manger ou jouer, et répétez cet exercice jusqu'à vingt fois par jour pendant plusieurs semaines pour qu'il apprenne bien sa leçon.

Une fois que votre chiot aura appris à venir vers vous sur appel, essayez cet exercice lorsqu'il sera occupé dans la maison ou le jardin, de façon qu'il apprenne à accourir vers vous dès que vous l'appelez, quoi qu'il fasse.

Questions-**réponses**

Q **Mon chiot ne manifeste pas d'intérêt lorsque je l'appelle. Que dois-je faire ?**

R Assurez-vous d'avoir en votre possession quelque chose qu'il désire. Soyez de bonne humeur, détendu et amusez-vous afin de ne pas mettre trop de pression sur le chiot pour commencer. Ne vous éloignez pas trop afin qu'il lui soit plus facile de vous rejoindre. Faites une autre tentative dans un endroit plus calme, qui comporte moins de distractions.

Q **Mon chiot n'accourt pas directement vers moi. A-t-il peur de moi ?**

R Ne tapotez pas sa tête et ne le touchez pas lorsqu'il vient vers vous. Comme certains chiots timides sont effarouchés lorsqu'on les fixe et qu'on les appelle, vous devez essayer de vous tourner sur le côté, sans le regarder, et de l'appeler d'une voix douce. Peut-être avez-vous déjà essayé d'agripper votre chiot et qu'il a appris à vous éviter. Soyez patient, présentez-lui la récompense et attirez-le vers vous. Caressez-le doucement pendant qu'il mange la friandise, mais ne l'agrippez pas.

RECOMMANDATIONS

• Parlez-lui d'une voix haute et joyeuse, et offrez-lui quelque chose qu'il désire réellement.

• Lorsque votre chiot vient vers vous, glissez un doigt dans son collier avant de lui donner la récompense, de façon qu'il reste avec vous pour l'exercice suivant. Veillez à placer votre main sous sa tête pour cet exercice, car si vous le touchez sur le dessus de la tête, il pourrait avoir un mouvement de recul.

VOTRE APPRENTISSAGE

Il vous faudra un certain temps pour acquérir le savoir-faire qui permettra d'effectuer les exercices de ce guide avec succès, surtout s'il s'agit de votre premier chiot. Apprendre comment tenir la récompense, comment l'utiliser comme appât, comment tenir votre chiot, à bien employer la laisse afin de prévenir un comportement indésirable, et développer les autres aptitudes dont vous aurez besoin demandent de l'entraînement, un peu comme apprendre à conduire un vélo. Si vous n'êtes pas familier avec l'obéissance canine, ne vous attendez pas à ce que tout fonctionne comme sur des roulettes dès le début. Vous devrez vous exercer pour vous améliorer.

Lui apprendre à être touché

Les humains aiment toucher, retenir et étreindre lorsqu'ils manifestent de l'affection, alors que les chiens sont rarement en contact les uns avec les autres, autrement que pour se battre ou s'accoupler. Votre chiot doit s'habituer à être touché, et si vous êtes doux, digne de confiance et persévérant, il finira par l'apprécier.

Il est important que les chiens apprennent à être touchés, car lorsqu'ils sont malades, ils doivent être examinés. Un chien confiant qui a l'habitude d'être touché, retenu et manipulé doucement sera un bien meilleur patient pour un vétérinaire ; il pourra recevoir un traitement plus efficace et plus rapide qu'un autre qui reste sur la défensive ou fait montre d'agressivité.

Par ailleurs, les gens qui aiment les chiens présumeront souvent que votre animal est amical et le toucheront sans vous le demander. Comme il est important que les chiens ne soient pas agressifs, vous devez le dresser de façon qu'il soit en mesure de réagir positivement à tous les gestes que des adultes et des enfants sont susceptibles de faire à son endroit, c'est-à-dire qu'il soit capable de les accepter et de ne pas s'inquiéter.

1 Commencez lentement en le tenant fermement pour qu'il ne puisse pas se dégager. Touchez-le et caressez-le graduellement, en commençant par son dos, à partir de sa tête jusqu'à ses pattes de devant, puis sous le ventre, sur les pattes de derrière et sur la queue.

2 Adoptez un rythme qu'il pourra accepter, laissez-le s'habituer à un toucher délicat sur une partie de son corps avant de passer à la suivante. Offrez-lui des récompenses pour que son esprit soit occupé pendant que vous touchez des régions sensibles.

3 Exercez-vous à le sécher avec une petite serviette en bougeant lentement au début afin qu'il ne soit pas excité et essaie de mordre la serviette. Allez-y par petites étapes, le laissant s'éloigner une fois qu'il a accepté quelques essuyages, puis augmentez progressivement la cadence. Si le chiot mord la serviette, bougez-la encore plus lentement et tenez son collier afin qu'il ne puisse la mordre pendant que vous la passez sur l'extrémité arrière de son corps.

RECOMMANDATIONS

• Penchez-vous à son niveau afin qu'il puisse rester debout ou s'asseoir au sol plutôt que de le soulever.

• Assurez-vous que vos doigts ne s'enfoncent pas dans sa peau lorsque vous le tenez.

• Parlez-lui doucement lorsque vous le touchez.

• Si vous détectez une région sensible, allez-y lentement et graduellement jusqu'à ce qu'il accepte le toucher.

• Répétez cet exercice régulièrement, au moins une fois par jour.

4 Habituez votre chiot à se faire étreindre. Après l'avoir étreint, offrez-lui une récompense ou jouez avec lui pour qu'il apprenne à aimer l'expérience.

DÉPANNAGE ✔

Si votre chiot devient très excité et essaie de se dégager, s'amuse à mordre ou devient agressif lorsque vous le tenez :

• ralentissez le rythme ;

• parlez-lui lentement et d'une voix apaisante ;

• continuez de bouger lentement les mains ;

• essayez de le tenir de façon qu'il ne puisse se dégager et vous faire mal, mais pas trop fermement ; plus votre prise lui semblera sécuritaire, plus il se détendra ;

• exercez-vous à le tenir fermement plusieurs fois par jour ; attendez qu'il se détende, puis relâchez-le ; ainsi, il apprendra rapidement qu'un comportement docile lui procure plus de liberté que la résistance.

5 Lorsque vous soulevez votre chiot, placez une main sous sa poitrine afin de contrôler ses mouvements et soutenez-le en posant l'autre main sous son derrière. Si votre chiot essaie de se dégager lorsque vous le soulevez, ne procédez pas trop rapidement, car il aurait la même sensation que lorsque vous vous relevez trop vite. Penchez-vous pour être à son niveau et prenez-le dans vos bras dès que ses pattes ont quitté le sol pour qu'il se sente en sécurité.

En voiture

Les déplacements en voiture font partie de notre quotidien et il est important que les chiens s'habituent à voyager en voiture dès leur plus jeune âge. Si vous ne le dressez pas en ce sens, votre chien pourrait être porté à aboyer, à sauter partout dans la voiture ou à gruger des objets, et vous inciter à le laisser à la maison plutôt que d'accompagner la famille dans ses déplacements.

Se trouver dans une voiture n'est pas une expérience naturelle et peut s'avérer troublant pour un jeune chiot. Il est donc très important de l'habituer graduellement. Commencez dès que votre chiot s'est familiarisé avec la maison en l'amenant faire de petits voyages au début, puis en les prolongeant progressivement. Essayez de le conduire quelque part chaque jour pendant les premiers mois, même si vous ne le faites pas toujours sortir de la voiture avant de rentrer à la maison. Ainsi, il s'habituera rapidement aux déplacements en voiture et les acceptera comme une activité normale.

Placez votre chiot à un endroit dans la voiture où il sera en sécurité et où ses mouvements seront restreints, de sorte qu'il ne puisse sauter partout et déranger le conducteur. Si vous le placez sur le siège, employez un harnais de voiture pour qu'il ne tombe pas. Une cage de transport peut s'avérer utile pour assurer la sécurité d'un chiot, mais celui-ci devra avoir été habitué au préalable à y être enfermé à la maison. Vous devez vous assurer qu'elle est suffisamment grande pour que le chien puisse se tenir debout, se retourner et se coucher.

Plus tard, vous pourrez apprendre à votre chiot à rester dans la voiture pendant que les portes ou le hayon sont ouverts, de sorte qu'il continue d'être en sécurité jusqu'à ce que vous soyez prêt à le faire sortir (voir page 109). Une fois arrivé à destination, faites-lui faire une courte promenade ou une brève séance de jeu.

Questions-réponses

Q Lorsqu'il est dans la voiture, mon chiot bave et est malade. Comment puis-je y remédier ?

R Faites faire à votre chiot de très courtes balades en prenant soin de ne jamais excéder la distance maximale qu'il est capable d'accepter sans interruption. Dans certains cas, cela signifie que vous devrez effectuer le trajet en plusieurs étapes et revenir à la maison en conduisant lentement. Habituer graduellement votre chiot à voyager ainsi peut prendre du temps au départ, mais le jeu en vaudra la chandelle, car au final votre chien sera heureux de voyager et sera en mesure de vous suivre partout.

Q Mon chiot saute dans la vitre et aboie après tout ce qu'il voit. J'ai peur qu'il se fasse mal. Comment puis-je lui faire perdre cette mauvaise habitude ?

R Vous devrez restreindre les mouvements de votre animal de façon à ce qu'il ne puisse voir à l'extérieur lorsque vous roulez. Vous lui apprendrez ainsi à rester tranquille dans la voiture et à se reposer au lieu d'essayer de pourchasser les objets que vous croisez.

RECOMMANDATIONS

• Installez votre chiot sur une litière douce, absorbante et antidérapante durant le trajet.

• Fermez les portes prudemment sans les claquer et ne démarrez pas la voiture avant que le chiot soit installé confortablement et en toute sécurité à l'intérieur, car le bruit du pot d'échappement pourrait s'avérer effrayant et désagréable.

• Conduisez prudemment. N'oubliez pas que votre chiot n'est pas en mesure de voir la direction que prend la voiture, n'est pas soutenu par un siège et est incapable de prévoir les virages. Négociez les virages à faible vitesse, et accélérez ou décélérez en douceur.

• Les virages occasionnent parfois des mouvements imprévisibles de la voiture, en tout cas du point de vue de votre animal. Lorsque vous parcourez de longues distances avec votre chiot, essayez de prendre des routes qui sont les plus droites possible, comme des autoroutes, surtout s'il est porté à être malade en voiture.

• Offrez-lui des petits repas à l'intérieur de la voiture lorsqu'elle est immobilisée afin qu'il associe une forme de plaisir à sa présence dans le véhicule.

Lui apprendre à rester seul

Beaucoup de chiens deviennent anxieux et adoptent un comportement indésirable lorsqu'on les laisse seuls, comme aboyer, mâchonner ou faire des dégâts. L'isolement est une situation inconfortable pour un animal sociable très jeune et vulnérable. Les chiots doivent apprendre graduellement à se familiariser avec le sentiment d'inquiétude occasionné par l'isolement.

Il est assez facile d'enseigner à un chiot à accepter la solitude, pourvu que vous le fassiez lentement et avec délicatesse. Il arrive que certains chiots souffrant d'insécurité ne parviennent pas à se sentir complètement à l'aise à l'idée d'être seuls avant d'avoir atteint l'âge adulte, mais ils devraient s'y faire plus rapidement si vous vous y prenez tôt.

Apprendre aux chiots à accepter l'isolement est très important si votre famille a un horaire bien rempli et qu'il n'y a pas toujours quelqu'un à la maison. Il est pos-

sible que votre chien se retrouve seul de façon régulière à un moment ou l'autre de son existence, et il vaut mieux qu'il s'habitue à la solitude lorsqu'il est très jeune plutôt qu'à l'âge adulte. Il est également important que votre chiot s'habitue à être seul s'il y a un autre chien dans la famille. Les chiens qui ont toujours été en compagnie d'un congénère sont susceptibles d'éprouver plus de difficulté à rester seuls si leur compagnon canin meurt avant eux ; il vaut mieux faire un effort supplémentaire pour apprendre à votre chiot à être indépendant.

Une fois que votre chiot est à l'aise avec tous les membres de la famille et qu'il s'est familiarisé avec la disposition des lieux dans la maison, commencez à le laisser seul dans une pièce de temps en temps, seulement pour une période de quelques minutes. Attendez qu'il soit fatigué et offrez-lui un lit confortable pour dormir. Au bout de quelques minutes, ouvrez la porte et laissez-le sortir s'il le veut. Répétez l'exercice sur une période de plusieurs semaines en le laissant seul pendant des périodes de plus en plus longues jusqu'à ce qu'il soit capable d'être seul pendant une heure.

Si, à quelque moment que ce soit, il semble désemparé et se met à aboyer furieusement ou gratte à la porte, laissez-le moins longtemps la fois suivante et prenez plus de temps pour le familiariser avec la solitude. Une fois qu'il sera heureux d'être seul dans une pièce, apprenez-lui à l'être dans d'autres pièces de la maison.

ÉTAPE SUIVANTE

Lorsqu'il sera habitué d'être seul dans toutes les pièces de la maison et s'y sentira bien, vous devrez répéter cette procédure en entier, mais cette fois en le laissant à l'extérieur de la maison. Il faudra cependant moins de temps si vous l'avez bien habitué à rester seul dans la maison.

Une fois qu'il se sentira bien dans chacune des pièces de la maison lorsque vous l'y laissez seul, répétez l'exercice dans la voiture. Assurez-vous qu'il a quelque chose à mâchonner et qu'il est dans une cage de transport s'il est susceptible de mâchonner des objets qu'il ne devrait pas.

Questions-réponses

Q Pourquoi mon chiot a-t-il constamment besoin de compagnie ?

R Lorsque vous ramenez le chiot chez vous la première fois, il n'a probablement jamais été seul jusque-là, habitué aux autres membres de sa portée. Le contraste entre le fait d'être entouré d'autres chiots et celui de se retrouver seul est suffisant pour lui causer passablement de détresse, ce qui peut l'affecter en permanence s'il fait face à d'éventuelles périodes d'isolement.

Q Pourquoi aboie-t-il et gratte-t-il à la porte lorsque je le laisse seul ?

R La réaction naturelle d'un chiot isolé est une réaction de détresse. Il a tendance à faire du bruit dans l'espoir que les autres membres de sa meute reviennent et il essaie de trouver une façon de les rejoindre.

Q Devrais-je commencer à l'habituer à rester seul tout de suite ?

R Le fait que votre chiot soit séparé de tout ce qui lui est familier, de se retrouver dans un nouveau foyer et de faire la rencontre d'une nouvelle famille est déjà assez traumatisant. Vous devez donc lui laisser le temps de s'adapter avant de lui apprendre à accepter la solitude. Cela signifie que vous devez vous efforcer de lui tenir compagnie le plus souvent possible au cours des premiers jours.

Q Puis-je le laisser seul la nuit ?

R Pour commencer, emmenez-le dans votre chambre à coucher la nuit pour qu'il sache que vous vous trouvez dans la même pièce (ce qui l'aidera aussi pour l'entraînement à la propreté, voir page 17).

RECOMMANDATIONS

• Soyez régulier et faites-en un peu chaque jour.

• Laissez-le seul pendant une courte période au début, puis augmentez graduellement la durée des périodes de séparation.

• Donnez-lui quelque chose d'intéressant à mâchonner.

Le faire sympathiser avec les humains

Un animal domestique se doit absolument d'être amical et détendu avec les humains. Les chiots doivent apprendre à sympathiser avec les humains et il faut s'assurer qu'ils aient beaucoup de rencontres agréables avec plusieurs genres de personnes au fur et à mesure de leur croissance.

Il est essentiel qu'un chien de compagnie préfère les humains à quoi que ce soit d'autre pour qu'il soit amical, enjoué et apprécie leur présence. Comme le chiot ne connaîtra pas les gens par le simple fait du hasard, il est très important que vous le mettiez en contact chaque jour avec diverses personnes avec qui il pourra s'amuser. Cela l'aidera à s'adapter au monde qui l'entoure et fera en sorte qu'il sera moins susceptible d'être agressif envers les humains en vieillissant.

LES CHIOTS TIMIDES

Le processus de socialisation avec les humains devrait avoir commencé avant même que vous fassiez l'acquisition d'un chiot, mais malheureusement plusieurs chiots n'ont pas suffisamment d'occasions d'être en présence d'étrangers pendant qu'ils sont chez l'éleveur.

Si votre animal est timide avec les étrangers, vous devrez travailler plus fort et y mettre du temps pour rattraper le temps perdu. Il est important de vous assurer qu'il s'amuse chaque jour avec une nouvelle personne et de travailler avec cette personne jusqu'à ce qu'il l'accueille avec joie avant de passer à quelqu'un d'autre.

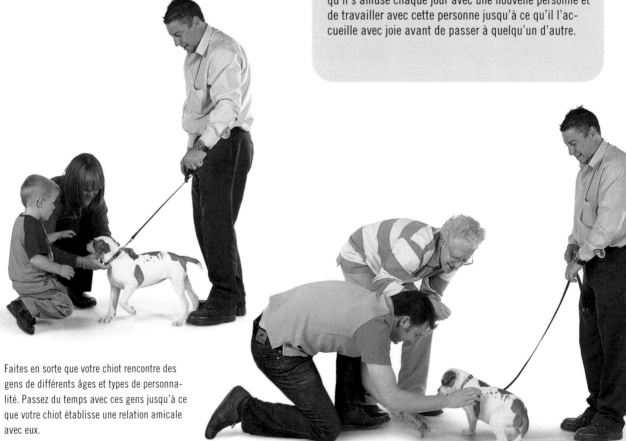

Faites en sorte que votre chiot rencontre des gens de différents âges et types de personnalité. Passez du temps avec ces gens jusqu'à ce que votre chiot établisse une relation amicale avec eux.

Surveillez votre chiot de près pour vérifier s'il apprécie chacune de ses rencontres et laissez-lui accueillir de nouvelles personnes de lui-même lorsqu'il se sentira prêt, surtout s'il est un peu timide au départ. Vous ne devez jamais le forcer à aller vers les gens. Demandez à vos visiteurs de ne pas se pencher au-dessus du chiot et de ne pas le fixer si ça le rend anxieux.

Essayez de trouver des enfants de différents âges, des tout-petits, des enfants d'âge scolaire et des adolescents qui aimeraient faire la connaissance de votre petit animal. Remettez-leur des récompenses à offrir au chiot pour l'apprivoiser et des jouets pour qu'ils puissent s'amuser avec lui.

Questions-réponses

Q Mon chiot s'éloigne des gens. Comment corriger cette situation ?

R Les chiots ont besoin de temps pour surmonter leurs craintes. Demandez à vos visiteurs de s'asseoir ou de rester debout sans faire de bruit et d'éviter de fixer votre chiot. Laissez l'animal s'approcher de lui-même pour venir chercher des récompenses et des jouets. Prévoyez plusieurs rencontres enjouées chaque jour.

Q Mon chiot est surexcité lorsqu'il rencontre des gens. Comment puis-je le calmer ?

R Contrôlez un peu de son exubérance en employant une laisse pour l'empêcher de sauter sur les visiteurs. Laissez-lui le temps de se calmer et demandez aux visiteurs d'entrer en contact avec lui uniquement lorsqu'il est tranquille. Assurez-vous qu'il ait fait suffisamment d'exercice avant de rencontrer des étrangers.

RECOMMANDATIONS

• Ne laissez pas votre chiot vous entraîner vers les gens. Attendez qu'il soit calme avant de le laisser s'approcher.

• Empêchez votre chiot de sauter sur les gens en employant une laisse. Les mauvaises habitudes acquises en bas âge sont difficiles à éliminer lorsque le chiot est plus âgé.

• Utilisez de la nourriture et des jeux avec jouets pour aider à briser la glace avec les étrangers, particulièrement si votre chiot est timide. Les chiots timides ont besoin de temps pour surmonter leurs craintes. Demandez à votre visiteur de s'asseoir ou de rester debout, tout en restant calme, et laissez votre chiot s'en approcher.

• Essayez de trouver au moins deux enfants différents, davantage si possible, chaque semaine pour les présenter à votre chiot. Si vous avez des enfants, votre animal devra en rencontrer d'autres de différents âges et types de personnalité.

Les animaux, les environnements et les bruits

Comme les humains, il est important que votre chiot se familiarise avec toutes les choses vivantes et inanimées qu'il va rencontrer lorsqu'il sera plus âgé. Il apprendra ainsi à voir le monde comme un endroit sécuritaire où il peut se sentir heureux et détendu.

Votre chiot devra se familiariser avec tout ce qu'il aura à côtoyer durant sa vie. La liste comprend les créatures vivantes de son entourage (humains, autres chiens, chats, petits animaux, chevaux, bétail) aussi bien que tout ce qui n'est pas vivant (voitures, bicyclettes, bruits, surfaces de plancher, odeurs et divers environnements).

Si vous ne lui permettez pas d'être en contact avec des êtres vivants lorsqu'il est tout jeune, il grandira en craignant les nouvelles expériences. Toutefois, si vous le faites suffi-samment, il s'adaptera bien en vieillissant, sera heureux en compagnie d'autres animaux et ne craindra pas les nouvelles expériences, ce qui vous permettra de l'emmener partout.

Tout comme les humains, votre chiot ne rencontrera pas d'autres êtres vivants par accident. Vous devrez le promener à l'extérieur et le familiariser avec le plus grand nombre d'endroits et d'environnements possible. Il est important de respecter le rythme de l'animal et de ne pas l'accabler en lui imposant trop d'activités à la fois.

Les chiots doivent rencontrer d'autres jeunes chiens et des chiens enjoués afin de développer leurs aptitudes sociales, et ne pas se montrer craintifs ou agressifs lorsqu'ils croisent d'autres chiens. Inscrivez votre animal à un cours de dressage et de socialisation reconnu, et faites en sorte qu'il rencontre d'autres chiots et des chiens plus âgés de façon régulière.

Assurez-vous que tous les chiens adultes que votre chiot rencontrera soient gentils avec les chiots avant de les laisser s'amuser ensemble, car les mauvaises expériences sont encore pires que l'inexpérience. Mettez fin au jeu avant que votre chiot ne soit trop épuisé et empêchez-le de faire aux autres chiots et aux chiens adultes ce que vous ne vou-driez pas le voir faire lorsqu'il sera plus âgé. Vous devez aussi le pro-téger, au besoin, si le jeu devient trop rude ou si des chiens sont agressifs à son égard.

LES BRUITS

Pour éviter que les chiots ne développent tôt ou tard une phobie des bruits, il faut les habituer à des bruits intenses soudains comme le tonnerre, les feux d'artifice, la circulation lourde ou les trains. Le moyen le plus simple consiste à faire jouer des disques audionumériques reproduisant des effets sonores, offerts dans certaines animaleries et sur Internet. Ces bruits doivent être écoutés à un volume que votre chiot pourra supporter pour qu'il s'y habitue graduellement.

Il est également nécessaire de l'exposer à des sons réels, mais assurez-vous au début qu'ils sont à bonne distance. Une fois que votre chiot se sera habitué au bruit, vous pourrez vous rapprocher des sources sonores.

Offrez à votre chiot un refuge vers lequel il pourra accourir en vous accroupissant et en le rappelant à vous. Repoussez l'autre chien pour que votre chiot se sente en sécurité et qu'il sache que vous agissez comme un bon chef de meute en le protégeant.

ENVIRONNEMENTS VARIÉS

Comme les autres animaux, il est important que votre chiot s'habitue à divers environnements et vive de nombreuses expériences. Faites-lui visiter la ville, la campagne, le bord de la mer, les autobus, les trains, les maisons d'autres personnes, des écoles, des animaleries et des marchés. Si vous l'emmenez dans tous les endroits où il est autorisé à vous accompagner, il s'habituera à vivre de nouvelles expériences et sera en mesure de vous suivre partout lorsqu'il sera plus âgé.

• Soyez à l'affût de tout indice de stress que votre chiot pourrait éprouver lors d'une expérience dans un nouvel environnement et essayez de trouver une façon de le mettre plus à l'aise. Vous devrez peut-être vous éloigner de ce qui l'incommode et le laisser s'y habituer à distance pendant un certain temps avant de vous en rapprocher.

• Ne précipitez pas les choses, laissez-lui le temps de se familiariser avec ces nouveautés et de constater qu'il n'a pas de raison d'avoir peur.

• Utilisez des jeux avec jouets et des récompenses pour aider votre chiot à surmonter ses craintes.

Problèmes et solutions

Si votre chiot ne s'intéresse pas vraiment à vous et s'avère difficile à dresser, vérifiez si l'un des problèmes mentionnés ci-dessous s'applique à votre chiot et mettez en pratique les solutions recommandées. Observez-le attentivement afin de découvrir ce qui lui fait remuer la queue durant la journée pour savoir ce qui l'intéresse. Essayez de mettre en réserve ce qui l'intéresse pour les séances de dressage.

Problème n° 1
Mon chiot ne semble pas motivé.

Il arrive que certains chiots soient difficiles à motiver, ne démontrant aucun intérêt pour la nourriture ou les jeux avec jouets, ou seulement durant une période limitée.
• Si vous avez utilisé les mêmes jouets ou récompenses pendant une longue période et que votre chiot a perdu de l'intérêt, optez pour de nouveaux jouets plus excitants ou des friandises savoureuses.
• Demandez-vous si votre voix est monotone et ennuyante. Si c'est le cas, stimulez votre chiot en employant un ton plus aigu.
• Si vous ne bougez pas beaucoup, que vous n'êtes pas excitant, commencez à remuer davantage et rendez-vous intéressant !

Problème n° 2
Mon chiot joue plus souvent avec des chiens qu'avec des humains et ne s'intéresse pas beaucoup aux gens.

• Mettez un terme aux jeux de votre chien avec ses congénères pendant un certain temps jusqu'à ce que vous obteniez son attention.
• Assurez-vous qu'il passe trois fois plus de temps à jouer avec vous qu'avec d'autres chiens jusqu'à l'âge de un an.

Problème n° 3
Mon chiot n'a pas envie de jouer ou d'apprendre avec moi.

Si votre chiot ne semble pas heureux à la perspective des séances de dressage, essayez de voir si c'est votre façon de procéder qui est fautive ou si c'est l'animal qui est timide.
• Si vous avez une forte personnalité et que votre chiot est sensible, vous devrez être plus délicat et moins insistant.
• Si votre chiot est trop effrayé pour manger ou jouer, accordez-lui plus de temps pour se familiariser avec votre maison et apprendre à faire confiance aux gens qui l'habitent.
• S'il hésite à jouer dans des aires qu'il ne connaît pas, dressez-le dans un lieu où il se sentira en sécurité.
• Si vous êtes stressé ou fatigué avant de commencer une séance de dressage, choisissez un moment où vous aurez plus d'énergie. Les chiots sont plus empressés de se mettre à l'ouvrage lorsque leur maître est de bonne humeur, déterminé et positif.

Problème n° 4
Mon chiot, généralement enjoué, ne semble pas intéressé à l'apprentissage.

Si votre chiot est habituellement facile à motiver, mais qu'il ne semble pas intéressé aux séances de dressage, c'est peut-être parce qu'il est nerveux en raison de l'arrivée d'un visiteur ou qu'il se remet d'une expérience qui lui a causé des inquiétudes, par exemple une balade en voiture, ou peut-être est-il indisposé. Pensez à d'autres raisons possibles.
• S'il n'a pas fait ses besoins, conduisez-le à l'endroit où il les fait habituellement et encouragez-le à s'exécuter.
• S'il a l'estomac plein et ne veut pas de friandises, mettez sa nourriture de côté et attendez qu'il ait faim.
• Si votre chiot a joué toute la journée, attendez qu'il soit prêt à recommencer à jouer.
• S'il est fatigué, attendez qu'il se soit reposé. Les chiots des races géantes, en particulier, ne disposent pas de suffisamment d'énergie pour jouer très longtemps avant d'avoir sommeil ; leurs séances de dressage doivent être très courtes et se tenir peu après leur réveil alors qu'ils sont pleins d'énergie.

PRÊT À PASSER À L'ÉTAPE SUIVANTE ?

Votre chiot vous regarde-t-il dès que vous l'appelez par son nom ?

Pouvez-vous maintenir l'attention de votre chiot pour un compte de dix ?

Votre chiot accourt-il vers vous lorsque vous l'appelez, même s'il se trouve dans une autre pièce ?

Pouvez-vous prendre votre chiot par n'importe quelle zone de son corps sans qu'il s'agite ?

Pouvez-vous sécher votre chiot sur tout son corps sans qu'il morde la serviette ?

Votre chiot se détend-il et attend-il que vous le relâchiez au lieu de se débattre lorsque vous le soulevez, que vous le tenez et que vous l'étreignez ?

Votre chiot aime-t-il rencontrer des humains, qu'il s'agisse d'adultes ou d'enfants, et s'empresse-t-il d'aller à leur rencontre ?

Votre chiot s'amuse-t-il avec des jouets et essaie-t-il d'éviter de planter ses dents dans la peau humaine ou les vêtements ?

Votre chiot éloigne-t-il son museau de la récompense quand vous lui dites « non » ?

Votre chiot attend-t-il patiemment que vous comptiez jusqu'à dix une fois que vous ayez dit « non » ?

« Assis », « debout », « couché »

Il est très utile d'avoir un chien qui obéit aux commandements « assis », « debout » et « couché ». Ainsi, vous pouvez demander à votre animal de s'asseoir s'il est couvert de boue et accourt vers vous pour vous accueillir, ou de se coucher pendant que le vétérinaire l'examine ou que vous lui faites sa toilette.

Il est facile d'apprendre à votre chiot à s'asseoir, à se lever et à se coucher dans l'attente d'une récompense. Apprenez-lui une seule position à chaque séance pour éviter de l'embrouiller. Incitez-le à prendre la position voulue en lui offrant une friandise. Placez-la près de son museau, laissez-le la mâchonner et la lécher quand il la suit. Donnez-lui la friandise dès qu'il a pris la position demandée et félicitez-le chaleureusement. Une fois que votre chiot se sera habitué à prendre la position, ajoutez un commandement vocal juste avant qu'il ne fasse le geste demandé.

Comme dans le cas de l'apprentissage chez l'humain, il faut répéter l'exercice pour qu'il s'imprègne dans le cerveau du chiot. Les chiots prennent passablement de temps à apprendre de nouvelles leçons, tout comme les jeunes enfants, vous ne devez donc pas vous attendre à des résultats du jour au lendemain. Cependant, les progrès sont normalement continus. Si les choses ne fonctionnent pas comme vous le voulez et que vous constatez que vous avez récompensé le mauvais comportement, ce n'est pas très grave. Il vous suffira de corriger votre méthode de dressage et de récompenser dorénavant le comportement souhaité.

ENSEIGNER LE COMMANDEMENT « ASSIS » À VOTRE CHIOT

1 Placez la friandise contre le museau de votre chiot pendant qu'il est debout, laissez-le la renifler, puis soulevez-la lentement au-dessus de sa tête. Votre chiot devrait relever le museau et incliner la tête vers l'arrière pour suivre le mouvement.

2 Cessez de bouger et votre chiot trouvera plus facile de poser son derrière sur le plancher que de rester dans sa position. S'il saute pour attraper la friandise, abaissez-la pour qu'il puisse l'atteindre plus facilement.

Questions-**réponses**

Q Mon chiot ne comprend pas ce que j'attends de lui et nous sommes frustrés tous les deux. J'aimerais savoir ce qu'il faut faire.

R Pensez au bon moment d'offrir la récompense. Vous devez la lui donner dès que votre chiot a pris la position désirée et non lorsqu'il est dans cette position depuis un moment et sur le point de bouger. Donnez-lui sa récompense aussitôt qu'il fait ce que vous lui demandez et il obéira plus souvent.

Q Mon chiot recule au lieu de s'asseoir. Comment puis-je lui faire perdre cette habitude ?

R Ralentissez légèrement le mouvement de votre main et levez-la quelque peu de façon qu'elle soit au-dessus de sa tête, ou essayez de placer votre chiot dans un coin pour qu'il ne puisse pas reculer.

Q Mon chiot relève la tête pour regarder la récompense lorsqu'il est assis, mais il finit par s'en désintéresser ou ne veut plus s'en saisir. Comment puis-je rendre l'exercice plus attrayant pour lui ?

R Changez de friandise et offrez-lui quelque chose de plus alléchant pendant l'exercice. Récompensez-le lorsqu'il lève la tête pendant quelques essais pour l'encourager, puis soyez plus exigeant.

3 Récompensez-le dès que son derrière touche au sol.

LES APPÂTS ALIMENTAIRES, LES SIGNAUX MANUELS ET LES COMMANDEMENTS VOCAUX

La façon la plus rapide d'apprendre un exercice à votre chiot est d'utiliser de la nourriture comme appât ; vous l'incitez ainsi à adopter le bon comportement en lui offrant une récompense choisie. Le moment propice est très important, car vous devez donner la récompense à votre chiot dès qu'il a accompli l'action demandée. Ce moyen permet d'associer l'action à la récompense dans la tête du chiot et il sera plus enclin à adopter le comportement requis dans des circonstances similaires.

Une fois que le chiot exécute régulièrement l'action demandée, il est temps d'ajouter des signaux manuels et des commandements vocaux juste avant le geste pour lui rappeler qu'une récompense suivra immédiatement. L'utilisation conjointe de signaux manuels et de commandements vocaux l'aidera à comprendre : les commandements vocaux sont passablement difficiles à comprendre pour un chiot, car les chiens emploient davantage le langage corporel que le langage verbal. Lorsque le chiot commencera à comprendre les commandements vocaux, vous pourrez commencer graduellement à abandonner les signaux (voir Signaux manuels en pages 58-59).

ENSEIGNER LE COMMANDEMENT « DEBOUT » À VOTRE CHIOT

1 Lorsque votre chiot est assis, placez la friandise à portée de son nez et laissez-le la sentir, puis éloignez-la lentement.

2 Maintenez-la juste en avant de lui, de sorte qu'il ne puisse l'atteindre, mais pas trop loin pour qu'il ne renonce pas à essayer de l'attraper.

3 Cessez de bouger la friandise dès qu'il commence à se lever, puis donnez-la-lui et félicitez-le pendant qu'il se lève.

Questions-**réponses**

Q **Mon chiot reste assis lorsque j'éloigne ma main. Que dois-je faire pour l'inciter à se lever ?**

R Bougez la main plus lentement, et donnez-lui une bonne raison de se lever et de suivre le mouvement de votre main en lui offrant une friandise plus appétissante.

Q **Mon chiot avance au lieu de se contenter de se lever. Est-ce que je fais quelque chose d'incorrect ?**

R Cessez de bouger la main dès que vous le voyez déplier ses pattes de derrière.

RECOMMANDATIONS

• Utilisez une friandise que vous pouvez tenir fermement entre votre pouce et votre doigt en la laissant dépasser un peu pour que votre chiot puisse la lécher et la mâchonner afin de conserver son attention.

• Bougez la main lentement, de sorte que votre chiot puisse suivre la récompense pendant qu'elle s'éloigne.

• Si votre chiot a essayé d'attraper la friandise, mais n'y est pas parvenu parce qu'il ne s'est pas mis dans la position voulue, commencez à récompenser ses progrès, si minces soient-ils, par exemple s'il s'abaisse ou lève la tête, afin de l'encourager avant de lui demander d'en faire davantage.

• Une fois que votre chiot adopte facilement ces positions, répétez-les dès que vous êtes en possession de quelque chose qu'il désire, comme son repas, des jeux avec des jouets ou une promenade.

APPRENDRE LE COMMANDEMENT « COUCHÉ » À VOTRE CHIOT

1 Placez la récompense près du museau de votre chiot pendant qu'il est assis.

2 Attirez son museau vers le bas pour qu'il se trouve entre ses pattes de devant.

3 Tenez la récompense de façon qu'il soit plus aisé pour le chiot de se coucher que de rester assis dans cette position. Donnez-lui la récompense dès que ses coudes touchent au sol et félicitez-le chaleureusement.

Questions-réponses

Q Lorsque j'essaie de faire adopter la position couchée à mon chiot, son derrière se relève et sa tête s'abaisse. Comment faire pour corriger cette attitude ?

R Attirez-le dans la position assise (ne lui donnez pas de nourriture), déplacez la récompense plus lentement et placez-la près de ses pattes de devant plutôt que de la déposer plus loin.

Q Mon chiot se couche mais se relève immédiatement. Que dois-je faire pour qu'il reste couché ?

R Donnez-lui quelque chose de confortable sur quoi s'étendre et faites l'exercice à un endroit où il puisse se sentir en sécurité. Donnez-lui une autre récompense rapidement après la première pour qu'il reste couché et soit récompensé.

4 Si vous ne réussissez pas à faire coucher votre chiot, essayez de former un pont avec vos jambes et de l'attirer en dessous. Il devra obligatoirement se coucher pour y parvenir.

Le faire revenir sur appel durant la promenade

Apprenez à votre chiot, lorsqu'il n'est pas en laisse, à revenir vers vous lors d'une promenade pendant qu'il est jeune et encore très intéressé par votre compagnie. Vous devrez y mettre plus d'efforts qu'à la maison. Il est donc recommandé d'utiliser des friandises très savoureuses et des jeux avec jouets pour vous aider à obtenir du succès.

Une fois que votre chiot a appris à venir vers vous dans la maison et le jardin dès que vous l'appelez, il est temps de faire l'exercice pendant la promenade. Même si vous devez vous limiter à de courtes distances pour commencer afin de ne pas trop le fatiguer ou d'endommager ses articulations et ses membres en pleine croissance, mettez à profit chaque occasion pour vous entraîner à le rappeler vers vous lorsqu'il est à l'extérieur, afin de lui inculquer de bonnes habitudes à l'avenir.

Plus le chiot est jeune et plus il voudra demeurer près de vous par mesure de protection plutôt que de s'éloigner ; il est donc souhaitable de le laisser se promener sans laisse le plus tôt possible. Les chiots de moins de cinq mois sont habituellement contents de rester près de leur maître, mais si votre animal est plus âgé, il est préférable d'employer une longue laisse au départ afin d'exercer un meilleur contrôle. (Faites attention de ne pas trébucher ou de vous emmêler dans la laisse, et ne l'utilisez pas lorsque vous êtes à proximité d'enfants ou de personnes âgées). Choisissez un endroit sécuritaire, loin de la circulation, des autres chiens et de tout ce qui est susceptible d'effrayer votre chiot. Emmenez-le ailleurs au besoin et évitez-lui de trop marcher.

1 Laissez-le explorer et courir ici et là autour de vous.

2 Appelez-le de la même façon que vous le faites à l'intérieur de la maison. Visez la réussite en ne l'appelant que s'il n'est pas occupé à explorer quelque chose d'autre et qu'il est enclin à accourir vers vous. Dès qu'il accourt vers vous, félicitez-le énergiquement, attirez-le vers vous à l'aide de la friandise et tenez son collier pendant que vous lui donnez la friandise, puis relâchez-le.

Questions-**réponses**

Q L'endroit idéal pour faire des promenades n'est pas clôturé. Est-il sécuritaire de le laisser se promener sans
laisse ?

R Non. Si vous ne pouvez dresser votre chiot ailleurs qu'à des
endroits ne comportant pas de clôture de sécurité, employez
une longue laisse pour qu'il demeure attaché à vous et
essayez de lui accorder le plus de liberté possible dans les
circonstances.

Q Mon chiot n'accourt pas lorsque je l'appelle, surtout dans
de nouveaux endroits. Comment l'inciter à le faire ?

R Essayez de lui offrir des friandises plus appétissantes ou un
jeu avec des jouets dans un environnement où il y a moins
de distractions, et manifestez de l'enthousiasme lorsque
vous l'appelez.

3 Visez un objectif de six rappels réussis durant la promenade,
et n'oubliez pas de le féliciter et de le récompenser en manifestant chaque fois beaucoup d'enthousiasme.

DES LEÇONS BRÈVES ET RÉUSSIES

Assurez-vous que les leçons ne dépassent pas trois
minutes. Ainsi, votre chiot et vous ne serez pas
fatigués et finirez les exercices en ayant le goût de
recommencer plus tard.

Terminez toujours votre séance de travail par une
réussite ; au besoin, refaites un exercice que votre
chiot maîtrise déjà pour qu'il soit certain d'être
récompensé.

Répétez les exercices chaque jour en y allant de
plusieurs séances brèves durant la journée. Augmentez graduellement la complexité des exercices
et ne craignez pas de revenir en arrière et de
refaire quelque chose que votre chiot connaît déjà.
Il vaut mieux progresser plus lentement si votre
animal est embrouillé.

Si votre chiot ne progresse pas comme vous le
souhaiteriez ou qu'il semble avoir oublié quelque
chose qu'il faisait déjà correctement, terminez la
séance par quelque chose de simple, puis allez-
vous-en avant d'être contrarié et que votre chiot
associe l'exercice à votre réaction de colère.
Tentez de trouver une façon de progresser et
essayez quelque chose de différent à chaque fois.

Lui faire accueillir les gens sans leur sauter dessus

Il est beaucoup plus agréable d'être accueilli par un chien dont les quatre pattes restent au sol que par un animal qui saute sur vous. Les chiens qui sautent sur les gens risquent de gâcher vos vêtements, de vous coûter un nettoyage, d'effrayer un enfant ou d'éloigner les visiteurs. Il est facile d'apprendre à votre chiot à ne pas sauter sur les gens, pourvu que vous commenciez lorsqu'il est jeune, mais vous devez être persévérant pour qu'il conserve ses bonnes habitudes.

Les chiots ont tendance à sauter près du visage des gens afin de les accueillir et de les lécher. Si vous permettez à votre chiot de le faire ou que vous le récompensez en le félicitant, il en fera rapidement une habitude qui sera difficile à éliminer lorsqu'il sera plus âgé.

Pour apprendre à votre chiot à ne pas sauter, il est important que tous les membres de votre famille ne le cajolent que lorsque ses quatre pattes sont au sol. S'il apprend à respecter les membres de votre famille de façon appropriée, il sera plus facile de lui apprendre à faire de même avec les visiteurs.

1 Lorsque des visiteurs se présentent, il est préférable que votre chiot soit en laisse, de façon à ce que vous puissiez le contrôler et que les visiteurs ne soient pas en mesure, involontairement, de lui inculquer de mauvaises habitudes.

2 Ne le laissez s'avancer pour accueillir les gens que si ses quatre pattes sont au sol. Utilisez la laisse afin de le contrôler s'il essaie de sauter. Laissez-le en laisse jusqu'à ce qu'il ait appris à se comporter convenablement lorsque vous avez des visiteurs. Vous pouvez demander à des amis de venir vous visiter uniquement dans le but d'entraîner votre chiot et de lui apprendre les bonnes manières. Il vous faudra procéder à plusieurs séances avec différentes personnes. Utilisez la laisse tant et aussi longtemps que votre chiot n'aura pas appris à traiter les visiteurs avec politesse.

RENCONTRES LORS DE LA PROMENADE

Comme certaines personnes n'aiment pas les chiens, il est important que votre animal apprenne à revenir vers vous lorsque quelqu'un vient dans votre direction. Vous pourrez alors déterminer si vous devez laisser le chiot s'avancer vers cette personne pour l'accueillir ou le garder près de vous. En lui demandant de revenir vers vous, vous pourrez le mettre en laisse et si la personne qui s'approche désire un contact avec lui, vous serez en mesure de manœuvrer la laisse pour ne pas qu'il lui saute dessus (n'oubliez pas de bien le récompenser lorsqu'il revient vers vous).

Comme il est plutôt difficile de demander à de parfaits étrangers de vous aider à dresser votre chiot, accroupissez-vous et mettez un doigt dans son collier juste avant qu'il les accueille afin de l'empêcher de sauter et de pouvoir le récompenser pour avoir gardé les pattes au sol.

L'APPRENTISSAGE COMMENCE À LA MAISON

Lorsque vous revenez à la maison et que votre chiot est content de vous voir, essayez de vous accroupir immédiatement pour que votre visage soit près de lui lorsque vous lui dites « Bonjour ! ». Ainsi, vous éliminerez son besoin de sauter et il apprendra ce qu'il doit faire lorsqu'il accueille des gens.

Insérez un doigt dans son collier pour l'empêcher de grimper sur vous ou de lever la patte, et cajolez-le avec beaucoup d'enthousiasme.

Si vous ne pouvez l'accueillir dès que vous franchissez la porte, il est important qu'il apprenne à attendre que vous soyez prêt et qu'en posant sa patte sur vous il n'obtiendra aucune attention.

S'il saute, détournez-vous lentement sans dire un mot et ignorez-le jusqu'à ce qu'il se calme et qu'il retourne au sol. Une fois qu'il y sera, accroupissez-vous et félicitez-le comme il se doit.

Si votre chiot apprend à vous accueillir sans sauter, il sera plus susceptible de recevoir les visiteurs de façon convenable.

Lui apprendre à marcher à vos côtés

Avant d'apprendre à votre chiot à ne pas tirer sur sa laisse, vous devez lui faire savoir qu'il sera bien récompensé s'il marche à vos côtés. Une fois qu'il aura compris cela, il vous sera beaucoup facile de maintenir son attention.

Vous devez décider de quel côté promener votre chien. Vous pouvez lui enseigner à marcher d'un côté ou de l'autre, mais pour commencer, il est préférable de choisir un côté et de vous y tenir (il s'agit habituellement du côté gauche).

AJOUTEZ DE LA VARIÉTÉ

Les chiots finissent par s'ennuyer si vous leur offrez constamment les mêmes récompenses. Maintenez l'intérêt de votre chiot en variant le genre de friandises et en gardant celles qu'il préfère pour les exercices difficiles.

Il vous est également loisible de lui offrir son jouet préféré comme récompense ou appât, et lorsqu'il réussit bien un exercice, de vous livrer à un jeu amusant avec lui.

1 Attirez-le dans la position désirée au moyen d'une récompense, de sorte qu'il se positionne à côté de votre jambe gauche. Récompensez-le comme il se doit lorsqu'il y sera. Ne bougez pas et tenez la poignée de la laisse contre votre corps en guise d'ancre au cas où il choisirait de s'enfuir.

2 Appelez-le par son nom si vous devez attirer son attention, montrez-lui que vous avez une autre récompense et tenez-la suffisamment haut pour l'empêcher de sauter pendant que vous avancez en marchant.

3 Votre chiot devrait commencer à marcher à vos côtés en se concentrant sur la récompense. Après un ou deux pas, penchez-vous, remettez-lui ce qu'il convoite et récompensez-le comme il se doit tout en vous immobilisant.

Questions-**réponses**

Q Comment faire pour que mon chiot cesse de marcher devant moi, me faisant ainsi trébucher avec la laisse ?

R Déplacez la récompense plus loin sur le côté de telle sorte qu'il puisse voir l'objet sans avoir à se placer devant vous.

Q Comment faire pour qu'il arrête de sauter pour essayer de saisir la récompense ?

R Tenez-la plus haut pour qu'il voie qu'elle est hors de portée.

Q Que dois-je faire s'il ne me suit pas ?

R Encouragez-le à vous suivre, soyez très enthousiaste pour qu'il ait envie de vous suivre. S'il ne comprend toujours pas ce que vous voulez, utilisez la récompense comme appât pour les premières tentatives.

Q Comment éviter de m'emmêler dans la laisse ?

R Dès que votre chiot change de position, arrêtez-vous et restez immobile. Utilisez la laisse pour l'empêcher de s'éloigner de vous, mais ne bougez pas. Employez une récompense pour l'inciter à reprendre la position, car vous désirez qu'il soit à vos côtés et non vous à ses côtés.

Q Mon chiot continue de se désintéresser et ne semble pas comprendre le message. Que faire ?

R Arrêtez-vous et repensez à ce que vous faites. Essayez de le récompenser plus souvent lorsqu'il prend la position voulue.

ÉTAPES SUIVANTES

Au bout de quelques séances, augmentez le nombre de pas lorsque le chiot a appris à rester à vos côtés. Toutefois, au début, n'attendez pas trop longtemps avant de le récompenser. S'il se comporte bien et marche à côté de vous, offrez-lui une récompense et félicitez-le chaleureusement.

Une fois qu'il a appris à vous suivre, ajoutez un commandement vocal juste avant de vous mettre en marche. Répétez l'exercice en augmentant graduellement le nombre de pas avant d'offrir la récompense.

Certains chiots sont peu intéressés par la nourriture et préfèrent s'amuser avec des jouets. Si votre chiot préfère les jeux à la nourriture, employez un jouet pour maintenir son attention et récompensez-le comme il se doit pour son obéissance en lui lançant le jouet avec lequel il pourra s'amuser.

RECOMMANDATIONS

• Choisissez un endroit tranquille et familier pour effectuer l'exercice.

• Si votre chiot s'éloigne de l'endroit où il devrait être (ailleurs qu'à côté de votre jambe), restez immobile et essayez de lui faire reprendre sa position.

• Ne vous tournez pas s'il vous entortille dans sa laisse. Au besoin, laissez-le se déprendre tout seul en l'attirant vers votre corps.

• Rendez votre chiot heureux en lui parlant et en lui adressant des félicitations lorsqu'il est dans la position voulue à vos côtés.

Préparation pour une visite chez le vétérinaire ou le toiletteur

Il est important que votre chiot s'habitue à se faire examiner par un vétérinaire afin qu'il devienne un bon patient s'il a besoin un jour d'être soigné. Apprenez à votre animal à accepter de bon gré d'être examiné pour qu'il ne soit pas agité, agressif ou difficile à examiner lorsqu'il sera plus âgé ou s'il est malade ou blessé.

Maintenant que votre chiot s'est habitué à être touché par vous, vous pouvez le préparer en le touchant comme le ferait un vétérinaire. Pour y parvenir, vous devrez lui apprendre à tolérer des touchers plus intensifs.

Commencez par le prendre doucement comme vous le faites habituellement pour qu'il soit détendu.

Regardez et examinez chaque partie de son corps, en portant attention à ses oreilles, ses yeux, ses dents, sa gueule, ses ongles, ses pattes et la région sous sa queue. Faites-en une expérience agréable pour votre chiot en le félicitant chaleureusement et en lui offrant des récompenses de temps à autre. Adoptez un rythme qu'il sera capable de suivre et soyez persévérant tout en restant délicat pour qu'il apprenne à accepter vos attentions et qu'il constate qu'il ne lui arrivera rien de mal.

Exercez-vous à faire la toilette de votre chiot à l'aide d'une brosse, même si son poil est court et demande peu de soins. Tenez-le par le collier pour qu'il ne bouge pas ou morde la brosse. Pour commencer, brossez-le lentement le long du dos et continuez pendant quelques minutes le premier jour, en augmentant graduellement la durée jusqu'à ce que vous fassiez sa toilette complète. Si votre chiot a le poil soyeux ou épais, habituez-le à se coucher lorsque vous le brossez afin qu'il soit plus facile de passer la brosse sous son corps.

S'il accepte difficilement certaines choses, par exemple ouvrir la gueule pour que vous puissiez examiner ses dents, prenez votre temps et essayez d'obtenir un peu d'obéissance au début en le récompensant avec des friandises et des félicitations pour son comportement. N'essayez pas de lutter avec le chiot, car il en résulterait de la frustration pour vous et de la crainte pour l'animal. S'il essaie de détourner la tête lorsque vous l'examinez, tenez-la délicatement et fermement de façon à ce qu'il ne puisse se dégager.

Ramenez son corps vers vous pour qu'il ne soit pas en mesure de reculer ou de s'enfuir. Plus il se sentira en sécurité, plus il sera docile et acceptera de se laisser examiner. Relâchez-le dès qu'il se sera détendu.

RECOMMANDATIONS

• Commencez lentement et très doucement, surtout si votre chiot est timide et sensible.

• Tenez votre chiot fermement mais avec douceur pour qu'il ne s'éloigne pas.

• Tenez-le pendant une très courte période au début et augmentez graduellement la durée.

• Assurez-vous que vos doigts ne s'enfoncent pas dans sa peau quand vous le tenez.

• Encouragez tous les membres de votre famille à faire ces exercices jusqu'à ce que votre chiot soit content d'être touché et examiné par la maisonnée.

Si votre chiot a un pelage qui doit être tondu, il est souhaitable de l'habituer au bruit et à la sensation de la tondeuse sur tout son corps pendant qu'il est encore jeune. Si vous n'avez pas de tondeuse, employez un rasoir électrique. Retirez les lames de la tondeuse ou du rasoir pendant les exercices pour ne pas le couper ou lui faire mal accidentellement.

L'HABITUER À SE FAIRE PRENDRE

Il serait utile que votre chiot s'habitue à se faire prendre, car il est possible que vous ou quelqu'un d'autre deviez le faire un jour pour lui éviter un danger. Désensibilisez-le petit à petit en le saisissant délicatement autour du cou et dans la région du dos. Assurez-vous de ne pas employer trop de force ou de le saisir trop brusquement pour ne pas lui faire mal. Parlez-lui et offrez-lui une récompense ou un jeu tout de suite après pour qu'il associe le geste à quelque chose d'agréable, qu'il remue la queue et s'attende à recevoir une friandise lorsque vous le prenez. Habituez-le graduellement à se faire prendre jusqu'à ce que vous puissiez le prendre rapidement et fermement lorsque son attention est captivée par autre chose, comme vous le feriez s'il se dirigeait vers une route passante.

La nourriture, le mâchonnement et le comportement avec les os

Certains chiots auront déjà appris à protéger leur nourriture ainsi que leurs possessions pour ne pas que les autres chiots y touchent. Ce comportement peut les amener à protéger leur nourriture, leurs objets à mâchonner, leurs os et leurs jouets lorsqu'ils arrivent dans leur nouvelle maison.

Lorsqu'un chiot grogne, menace ou mord pour conserver ce qu'il considère comme ses biens, il peut s'ensuivre des problèmes avec des humains et bon nombre de personnes seraient portées à le punir pour résoudre le problème. Malheureusement, une punition peut entraîner une escalade, le chiot risquant de devenir ainsi plus agressif lorsqu'il protège ce qu'il veut. Il est également possible d'intimider le chiot pour qu'il cesse de protéger agressivement ce qu'il croit lui appartenir, mais le problème ne sera pas réellement résolu, et lorsqu'il sera plus âgé et aura acquis plus de confiance en lui-même, il risquera de devenir encore plus agressif.

Pour régler ce problème, il est de loin préférable d'apprendre au chiot que les mains des humains servent à lui donner des choses et non à les prendre. Une fois qu'il aura appris cela, il commencera à faire confiance aux humains et leur permettra de s'approcher de ce qui lui appartient. Ainsi, vous mettrez un terme à son comportement protecteur et éliminerez toute raison d'être agressif.

Si votre chiot affiche déjà une attitude protectrice envers ses os ou ses objets à mâchonner, essayez l'exercice décrit ci-dessous en utilisant l'objet qu'il aime le moins. Donnez-lui plusieurs objets à mâchonner et laissez-le s'amuser avec ceux-ci jusqu'à ce qu'il commence à être fatigué de mâchonner avant de vous approcher. Répétez cet exercice jusqu'à ce qu'il soit content de vous voir reprendre les objets à mâchonner de peu d'intérêt, puis recommencez plus tard dans d'autres séances en employant graduellement des objets et des os auxquels il tient davantage.

1 Attendez que votre chiot ait mâchonné l'objet ou l'os pendant un bon moment, puis approchez-vous de lui avec une friandise savoureuse et odorante.

2 Montrez-lui que vous êtes en possession de la friandise et utilisez-la pour l'attirer, puis ramassez l'objet ou l'os avec l'autre main quand il essaiera de s'emparer de la friandise entre vos doigts.

3 Donnez-lui la friandise.

NOURRITURE

Lorsque votre chiot mange, approchez-vous et offrez-lui quelque chose d'autre que sa nourriture habituelle. Offrez-lui un deuxième morceau, mais gardez-le dans votre main, placez votre main dans son bol et ouvrez-la pour qu'il voie la friandise. Répétez cet exercice souvent pendant qu'il mange et il commencera à apprécier vos visites si vous lui apportez des aliments plus alléchants que ce qu'il est en train de manger. Une fois qu'il vous accueillera en remuant la queue et qu'il reculera de quelques pas derrière son plat de façon que vous puissiez y mettre quelque chose de savoureux, retirez son plat de temps en temps, présentez-lui une friandise très savoureuse, puis redonnez-lui son plat.

JOUETS

Certains chiots adoptent une attitude protectrice envers leurs jouets. Si votre chiot agit de la sorte, apprenez-lui à rapporter (voir pages 118-119) pour qu'il s'habitue à vous apporter des choses au lieu que vous alliez vers lui pour lui retirer des objets.

De plus, apprenez-lui que les mains servent à donner plutôt qu'à prendre pour qu'il s'habitue à faire confiance aux humains lorsqu'ils s'approchent de ce qui lui appartient.

RECOMMANDATIONS

• Pour habituer votre chiot à se faire toucher sur tout le corps pendant qu'il mange, commencez par des petites caresses, puis augmentez de façon graduelle. Cela lui permettra de mieux tolérer la présence d'humains autour de lui pendant qu'il mange et il sera moins porté à réagir si quelqu'un, peut-être un enfant, le touche ou l'étreint, alors qu'il ne s'y attend pas, pendant qu'il mange.

• Utilisez des friandises très savoureuses : la friandise doit être plus importante à ses yeux qu'un objet à mâchonner ou sa nourriture.

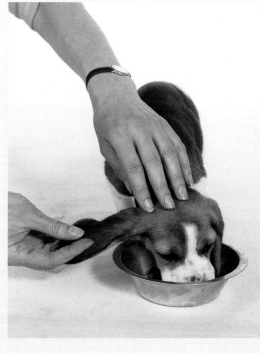

4 Redonnez-lui son objet à mâchonner ou son os. Ainsi, il apprendra que les mains qui viennent vers lui pendant qu'il mâchonne un objet servent à donner plutôt qu'à retirer, et qu'il ne lui sert à rien d'être possessif à l'endroit de ses objets ou de ses os.

Problèmes et solutions

Le monde extérieur peut s'avérer très intéressant pour un jeune chiot, il est donc possible que vous trouviez assez difficile de le rappeler au début.

Problème n° 1
Mon chiot ne revient pas vers moi lorsque nous faisons une promenade et je crains maintenant de le promener sans laisse. Il vient assez près, mais ne me laisse pas le prendre.

• Il est possible qu'il ait trop de plaisir lorsqu'il n'est pas en laisse pour avoir envie de revenir vers vous. Employez une longue laisse pour qu'il se sente libre, avec une grande liberté de mouvements, même si vous tenez l'extrémité de la laisse pour plus de sûreté.

• Assurez-vous qu'il sait que vous avez quelque chose qu'il désire avant de le rappeler lorsqu'il est encore assez proche de vous.

• Courez à reculons et appelez-le en ayant l'air excité pour augmenter son excitation alors qu'il accourt vers vous, puis récompensez-le d'avoir obéi.

• N'essayez pas de le rejoindre ou de l'attraper, et laissez-le venir à vous et s'asseoir au sol si nécessaire pour qu'il sache que vous ne vous précipiterez pas vers lui.

• Employez la laisse pour l'empêcher de s'éloigner lorsqu'il est près de vous, mais ne tirez pas dessus pour le ramener vers vous.

• Prenez une voix aiguë, idiote et amusez-vous (il est préférable de pratiquer cet exercice lorsqu'il n'y a personne d'autre alentour).

• Présentez-lui une récompense et servez-vous en pour l'attirer jusqu'à ce que vous puissiez le toucher sous la tête et saisir son collier.

• Changez de friandise pour le récompenser par quelque chose qui l'attire davantage ou livrez-vous à des jeux avec des jouets pour vérifier s'il préfère les friandises ou les jouets. Vous devez absolument trouver quelque chose qui l'attirera davantage que l'exploration de son nouvel environnement, ce qui ne devrait pas être trop difficile si vous y ajoutez des félicitations et de l'excitation.

• Avant de retirer la laisse, répétez cet exercice jusqu'à ce qu'il accoure rapidement à chaque fois.

• Si votre chiot est timide, vous devez l'appeler plus doucement ; pour ne pas le regarder directement, tournez-vous de côté et offrez-lui la récompense sans exercer de pression pour qu'il s'avance vers vous.

Problème n° 2

Mon chiot ne revient pas vers moi lorsqu'il joue avec d'autres chiens dans le parc.

• Assurez-vous qu'il joue plus longtemps avec vous qu'avec d'autres chiens (environ trois fois plus longtemps). En agissant ainsi, il trouvera le jeu plus excitant avec vous qu'avec d'autres chiens lorsqu'il est dehors.

• Employez une longue laisse pour l'empêcher de s'enfuir et concentrez vos efforts sur l'entraînement de rappel. Cela veut dire que vous devrez peut-être recommencer à neuf en l'encourageant et en répétant l'exercice jusqu'à ce qu'il vienne immanquablement vers vous dès que vous l'appelez. Refaites l'exercice lorsqu'il est à proximité d'autres chiens ou d'objets susceptibles de l'intéresser, mais utilisez la laisse pour l'empêcher de les rejoindre. Rappelez-le et efforcez-vous qu'il vous trouve beaucoup plus intéressant que n'importe quelle autre activité.

Prêt à passer à l'étape suivante ?

Votre chiot est-il prêt à suivre votre main pour s'asseoir, se lever et se coucher ?

Votre chiot est-il content lorsque vous l'examinez comme le ferait un vétérinaire ?

Votre chiot reste-t-il en place lorsque vous le toilettez ? Votre chiot est-il content quand vous tenez une tondeuse près de son pelage et que vous la promenez sur son corps ?

Votre chiot est-il content de se faire prendre ?

Votre chiot est-il content lorsque vous le touchez ou que vous mettez votre main dans son bol de nourriture pendant qu'il mange ?

Votre chiot délaisse-t-il les objets qu'il mâchonne ou son os lorsqu'il vous voit s'avancer vers lui avec une friandise savoureuse ?

Votre chiot accourt-il vers vous chaque fois que vous l'appelez durant une promenade ?

Votre chiot accepte-t-il de marcher à vos côtés pendant 15 pas si vous lui faites voir que vous êtes en possession d'une récompense ?

L'apprentissage des signaux manuels

L'apprentissage par les signaux manuels constituent une transition utile entre les appâts et les commandements vocaux (voir page 43). Ils sont plus faciles à apprendre que des mots pour votre chiot et sont surtout utiles pour donner des ordres à distance ou lorsque vous êtes occupé à parler avec quelqu'un et que votre chiot doive obéir.

Les signaux manuels représentent un prolongement aux mouvements manuels que vous utilisez pour attirer votre chien au moyen de récompenses (voir pages 42-45).

Faites un signal manuel en exagérant le début du mouvement pour attirer votre chiot dans la position voulue. Répétez-le sans votre animal pour vous habituer à bien exécuter le mouvement initial qu'il devra identifier comme un ordre. Mettez votre main à plat pour que le signal soit évident. Lorsque vous commencerez à enseigner cette leçon à votre chiot, conservez une friandise cachée sous votre pouce pour la lui offrir comme récom-

pense instantanée lorsqu'il exécutera l'ordre. Votre chiot observera la friandise et, ce faisant, votre signal manuel.

Après plusieurs répétitions, votre chiot devrait commencer à obéir lorsqu'il voit le signal manuel avant que vous ayez besoin de l'attirer dans la position voulue. Lorsqu'il réagira ainsi, vous pourrez diminuer graduellement le mouvement jusqu'à ce qu'il ne reste plus qu'un signal manuel, en laissant un délai entre le signal et la présentation de la récompense pour lui laisser le temps de réagir. Votre chiot apprendra rapidement à adopter la position requise dès qu'il verra le signal manuel afin d'obtenir la friandise plus rapidement.

SIGNAL MANUEL SIGNIFIANT « ASSIS »

1 Une fois que vous avez appris votre signal manuel, exercez-le avec votre chiot et assurez-vous qu'il vous observe avant de commencer. Sur la photo, la main est au centre, mais vous devez commencer le mouvement plus loin vers l'arrière et vers le bas pour que votre main passe devant le museau de votre animal lorsque vous la levez. Comme il ne réagira probablement pas du premier coup, attirez-le rapidement en position après avoir complété le mouvement manuel et récompensez-le bien lorsqu'il s'assied en lui offrant une friandise et vos félicitations les plus enthousiastes. Répétez l'exercice jusqu'à ce qu'il s'asseye en voyant le mouvement exagéré de la main.

2 Une fois que votre chiot se sera placé plusieurs fois en position assise après que vous ayez effectué le signal manuel amplifié, réduisez graduellement l'ampleur de ce signal jusqu'à ce qu'il réagisse au seul mouvement de votre main.

LISTE DE VÉRIFICATION ✔

Certains chiots prennent du temps avant de comprendre le message, vous devez donc être patient. Continuez de faire le mouvement exagéré de la main jusqu'à ce que votre chiot y réagisse instantanément. Diminuez graduellement l'ampleur du mouvement jusqu'à ne plus faire qu'un geste de la main. N'oubliez pas :

de récompenser votre chiot dès que vous le voyez commencer à se mettre en position ; n'attendez pas d'avoir complété votre mouvement manuel ;

d'attirer votre chiot dans la position voulue s'il ne réagit pas à votre signal manuel au bout de quelques secondes ; il commencera alors à associer le signal manuel à l'action demandée ;

d'adresser un commandement vocal juste avant d'effectuer le signal manuel pour qu'il continue à associer le bruit que vous faites à cette action ;

récompensez bien votre chiot en lui offrant des friandises savoureuses et félicitez-le. Faites remuer sa queue !

L'EMPÊCHER DE SAUTER SUR LA TABLE

Les chiens sont des fouilleurs naturels d'ordures et il est tout à fait normal pour des chiots de rechercher toutes les sources potentielles de nourriture. Cependant, il est important de leur apprendre qu'il ne faut pas sauter sur la table.

• Empruntez le ton de voix sur lequel vous lui avez enseigné précédemment le commandement vocal « non » (voir page 18) et repoussez-le doucement au sol, mais faites-le immédiatement, avant qu'il trouve la nourriture. Ensuite, montrez-lui ce qu'il devrait faire, ou mieux encore, ce que vous voulez avant qu'il saute sur la table, afin qu'il ne prenne jamais cette habitude.

• Utilisez votre signal manuel ainsi que le commandement vocal « couché », et demandez-lui de se coucher sur son lit.

• Récompensez-le en lui offrant un jouet ou une friandise savoureuse pour qu'il soit tenté d'obéir davantage la prochaine fois.

• Donnez-lui quelque chose d'intéressant à mâchonner pour éviter qu'il s'intéresse à la nourriture qui se trouve sur la table.

• Il apprendra rapidement qu'il est mieux récompensé lorsqu'il reste sur son lit. Dans les premières étapes du dressage, il serait utile que son lit soit près de la table, de façon à le remettre rapidement en position s'il décide de bouger.

SIGNAL MANUEL SIGNIFIANT « COUCHÉ »

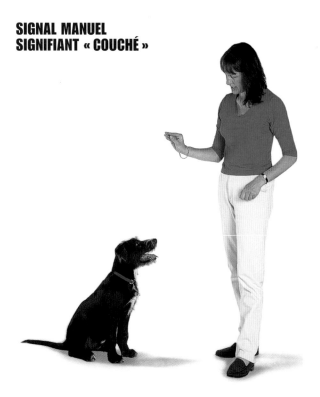

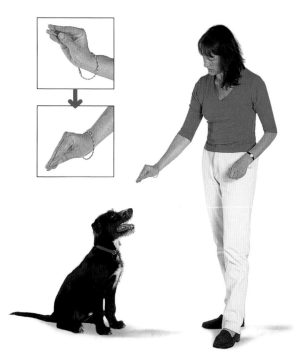

1 Élaborez un signal manuel signifiant « couché » en exagérant le début du mouvement qui vise à attirer votre chiot vers la position désirée.

2 Laissez-le d'abord observer votre signal manuel, puis, au besoin, attirez-le dans la position voulue, au sol.

SIGNAL MANUEL SIGNIFIANT « DEBOUT »

Le signal manuel signifiant « debout » doit être exécuté avant d'attirer votre chiot en position debout, ce qui n'est pas aussi facile que pour les commandements « assis » et « couché ».

1 Assurez-vous d'obtenir son attention, puis donnez le signal manuel en effectuant un mouvement exagéré. S'il ne réagit pas à ce signal, attirez-le immédiatement en position.

2 Répétez le signal jusqu'à ce qu'il commence à anticiper ce qui est demandé lorsqu'il le voit, puis laissez-lui plus de temps pour réagir entre le signal et la présentation de la friandise.

3 Donnez-lui la récompense et félicitez-le comme il se doit pour son obéissance. Répétez l'exercice plusieurs fois jusqu'à ce qu'il commence à adopter la position dès qu'il voit votre signal manuel, puis laissez un délai entre le signal et la présentation de la récompense afin de lui laisser le temps de réagir.

3 Récompensez-le bien lorsqu'il accomplit l'action désirée.

LUI APPRENDRE À RESTER TRANQUILLE

Il est utile d'enseigner à votre chiot à « se calmer », à se coucher et à se reposer pour qu'il ne devienne pas une source d'embarras lorsque vous l'emmenez chez d'autres gens ou dans d'autres endroits où vous souhaiteriez qu'il reste dans la même position.

Choisissez une période de la journée où il est fatigué et où vous vous apprêtez à faire une activité passive comme regarder la télévision ou lire un livre. Mettez-le en laisse, asseyez-vous et demandez-lui de s'installer tranquillement à vos pieds.

Utilisez un appât alimentaire pour qu'il adopte la position couchée et tenez la laisse pour qu'il ne puisse pas s'éloigner. Ignorez sa présence s'il ne se couche pas, félicitez-le d'une voix douce s'il le fait.

Répétez souvent cet exercice, chez vous d'abord, puis chez d'autres personnes ou en d'autres lieux. Une fois que votre chiot sera familier avec cet exercice, répétez-le dans divers contextes lorsqu'il est excité et actif afin qu'il apprenne à se calmer rapidement, peu importe ce qui se passe autour de lui.

• S'il s'agit d'un chiot actif, donnez-lui quelque chose à mâchonner pour le garder occupé.

• Donnez-lui quelque chose de confortable sur quoi il puisse s'étendre.

• Si votre chiot aboie ou tente de grimper sur vos genoux, posez votre pied sur sa laisse près de son collier pour l'empêcher de grimper et ignorez-le tant qu'il ne se sera pas tranquillisé. Ne lui parlez pas et ne le regardez pas, car vous l'encourageriez à reproduire ce comportement indésirable. Félicitez-le doucement lorsqu'il se calmera. Répétez cet exercice souvent pour l'aider à apprendre à rester tranquille.

Lui faire abandonner une activité intéressante

Il est temps d'apprendre à votre chiot à venir vers vous lorsque vous l'appelez, même lorsqu'il se livre à une activité excitante, de façon à ce qu'il revienne immédiatement vers vous, peu importe son activité. Cet exercice est important pour votre chiot, car il pourrait contribuer à l'empêcher de se trouver un jour dans une situation dangereuse.

Jusqu'à maintenant, vous avez offert une récompense à votre chiot quand il revenait vers vous lorsqu'il n'était occupé à aucune activité particulière et qu'il avait tout intérêt à revenir vers vous. Toutefois, lorsque votre animal s'occupe à une activité qu'il trouve plus intéressante, il pourrait ne pas voir d'avantage à abandonner ce qu'il fait pour revenir vers vous. Il est donc important de lui apprendre à revenir vers vous quelle que soit son activité.

Pratiquez l'exercice suivant à différents endroits, par exemple dans la maison, au jardin et au parc. Lorsque votre chiot aura appris à obéir à tout coup, vous pourrez lui permettre de se promener sans laisse dans des endroits plus fréquentés. Assurez-vous que vous n'êtes pas à proximité de la circulation lorsque vous lui enlevez sa laisse, car il existe toujours une possibilité qu'il perde sa concentration, du moins au début.

1 Demandez à quelqu'un de jouer avec votre chiot. Si votre animal semble s'amuser beaucoup, dites son nom d'une voix forte pour obtenir son attention et appelez-le à vous.

2 La personne qui joue avec le chiot devrait cesser dès qu'elle vous entend dire le nom de l'animal. Attendez que le chiot ait perdu l'intérêt pour l'activité à laquelle il est occupé.

3 Attirez-le vers vous avec la récompense et félicitez-le lorsqu'il viendra à vous. Tenez son collier et donnez-lui la friandise.

4 Laissez-le retourner au jeu. Répétez cette séquence plusieurs fois pendant une même séance.

RECOMMANDATIONS

• Commencez l'exercice à une courte distance de votre animal et augmentez graduellement la distance.

• Appelez-le sur un ton enjoué, comme si vous aviez quelque chose de vraiment bon à lui offrir.

• Assurez-vous que la récompense vaut la peine qu'il quitte le jeu, en utilisant un appât plus savoureux que d'habitude.

• Laissez toujours votre chiot retourner à l'activité qu'il pratiquait.

• Si votre chiot ne délaisse pas la personne avec qui il joue, courez jusqu'à lui, montrez-lui que vous avez une friandise et attirez-le en courant à reculons avant de vous arrêter et de le récompenser.

• S'il préfère un jouet à la nourriture, utilisez son jouet favori au lieu d'une friandise pour le récompenser d'avoir interrompu son jeu.

ASSOCIATIONS DIVERSES

Il est important d'être conscient que lorsque vous apprenez un exercice à votre chiot, celui-ci associera plusieurs choses à cet événement plutôt que de se concentrer uniquement sur l'exercice. Ainsi, si vous enseignez à votre chiot à se coucher en tout temps pour prendre son repas dans la cuisine et qu'il commence à se coucher dans la cuisine lorsque vous le lui demandez, vous pourriez croire qu'il connaît désormais la signification du commandement « couché ». Or, vous constaterez que si vous l'emmenez dehors et que vous lui demandez de se coucher, le commandement vocal ne fonctionnera pas.

Ce n'est pas parce qu'il ne veut pas obéir, mais tout simplement parce qu'il ne comprend pas ce que vous lui demandez. Il doit effectuer l'exercice à plusieurs endroits et dans différentes positions par rapport à vous avant de comprendre que le commandement vocal, peu importe l'endroit où il l'entend, signifie qu'il sera récompensé s'il agit de telle façon.

Enseignez à votre chiot à s'asseoir à partir de toutes les positions possibles par rapport à vous et lorsque vous êtes dans différentes positions.

• Il commencera à comprendre que le commandement « assis » signifie qu'il doit poser son derrière au sol, peu importe l'activité que son maître ou lui fait à ce moment.

• Procédez de la même façon avec tous les autres mots que vous désirez lui apprendre.

Le contact avec des étrangers

Maintenant que votre chiot est heureux lorsque les membres de la famille le touchent, il est temps de l'habituer à se faire toucher par une personne qu'il ne connaît pas. Cela l'aidera à bien se comporter lorsqu'il se fera examiner par le vétérinaire, toucher par le personnel d'une pension pour chiens, que vous l'emmènerez chez un toiletteur ou que des visiteurs le toucheront.

Lui apprendre à faire confiance à d'autres personnes que les membres de la famille est important pour l'aider à bien s'adapter à la présence d'autres personnes. Attendez qu'il soit complètement à l'aise d'être touché par tous les membres de votre famille avant d'entreprendre cet exercice. S'il n'est pas à l'aise lorsqu'il est touché

par les membres de votre famille, recommencez les exercices des étapes 2 (voir pages 30-31) et 3 (voir pages 52-53). Une fois qu'il aura appris à vous faire confiance, il trouvera plus facile de faire confiance aux autres. Répétez l'exercice suivant aussi souvent que possible avec plusieurs personnes différentes.

1 Demandez à quelqu'un que vous connaissez bien de le prendre comme vous l'avez fait à l'étape no 2 (voir pages 30-31). Demandez à votre visiteur d'employer des friandises pour faire connaissance et attirer votre chiot afin qu'il se laisse prendre.

2 Demeurez près d'eux pendant que le visiteur fait connaissance avec le chiot pour que celui-ci se sente rassuré par votre présence. Laissez-le revenir à vous en tout temps et demandez à votre visiteur de l'attirer de nouveau pour qu'il se laisse prendre une autre fois. Demandez à votre visiteur de lui caresser le dos et la queue.

3 Demandez à votre visiteur de caresser chacune des pattes en la tenant. Demandez-lui de caresser votre chiot doucement sur son museau, sa tête et ses oreilles, sa queue et sous son ventre.

LES CHIOTS TIMIDES

Si votre chiot est timide, commencez par des gens délicats qu'il tolérera et passez graduellement à des personnes plus maladroites ou moins expérimentées avec les chiots.

• Allez-y très lentement et laissez le temps à votre chiot d'apprendre à faire confiance à la personne avant qu'elle ne le touche.

• Adoptez un rythme que votre chiot sera en mesure d'accepter et ne le forcez pas à se faire toucher s'il n'accepte pas bien l'expérience.

• Demandez à votre visiteur de jouer avec le chiot chaque fois qu'il le voit jusqu'à ce qu'il lui accorde sa confiance.

• Répétez cet exercice aussi souvent que possible avec au moins une dizaine de visiteurs, de façon à ce que votre chiot apprenne à faire confiance et à aimer être touché par ces personnes.

RECOMMANDATIONS

• Expliquez la méthode à votre visiteur avant qu'il ne commence à toucher votre chiot.

• Demandez à votre visiteur qu'il parle à votre petit animal lorsqu'il établit un contact physique avec lui.

• Laissez votre chiot revenir vers vous s'il en a envie.

• Assurez-vous que votre petit protégé apprécie l'expérience.

4 Si votre chiot accepte difficilement que le visiteur touche une partie particulière de son corps, demandez-lui d'y aller lentement, d'être persévérant et d'utiliser des friandises pour l'aider à surmonter ses craintes. Habituez-le à être touché sur cette partie du corps pendant plusieurs séances jusqu'à ce qu'il ne s'inquiète plus ou ne s'éloigne pas.

La frustration et la recherche d'attention

Comme les enfants, les chiots doivent apprendre qu'ils ne peuvent pas toujours faire à leur tête. Il est beaucoup plus facile de leur inculquer cette notion lorsqu'ils sont jeunes. Il ne vous faudra pas beaucoup de temps pour enseigner à votre chiot à vous obéir et cette leçon en fera un chien plus agréable et plus docile.

Il est important que les chiots apprennent à composer avec les sentiments qu'ils éprouvent lorsqu'ils ne sont pas capables d'obtenir ce qu'ils veulent (voir page 19). Les chiots qui ne l'apprennent pas grandissent en aboyant, en mordant et en manifestant d'autres comportements indésirables lorsqu'ils ne sont pas en mesure de faire ce qu'ils veulent. Apprendre à accepter que leurs désirs ne soient pas toujours satisfaits et à composer avec cette sensation constitue une leçon comportementale très importante. Par l'exercice suivant, vous l'aiderez à s'habituer au sentiment de frustration et à le surmonter plus facilement.

1 Pour apprendre à votre chiot à composer avec la frustration, mettez-le en laisse, excitez-le en utilisant comme appât quelque chose qu'il désire, par exemple son jouet préféré, et lancez-le au loin, hors de sa portée.

2 Ignorez tout comportement indésirable et attendez que l'animal soit calme avant de lui permettre de reprendre possession de l'objet. Une fois que votre chiot aura appris à composer avec cette situation, répétez l'exercice à différents endroits jusqu'à ce qu'il s'habitue à ne pas toujours faire ce qu'il désire, peu importe le lieu où il se trouve.

RECOMMANDATIONS

• Commencez pendant qu'il est encore jeune et facile à contrôler.

• Commencez cette leçon dans le confort de votre foyer plutôt que dans un endroit fréquenté ou difficile comme la salle d'attente d'un vétérinaire, la voiture ou une école pour chiots (de la même façon qu'il est plus simple de faire comprendre à des enfants à la maison qu'ils ne peuvent pas toujours avoir des sucreries plutôt que de le faire dans un supermarché bondé).

• Pour commencer, exercez-le avec des objets qui ne sont pas très excitants, puis au fil des séances, utilisez des objets qu'il désire réellement pour qu'il soit suffisamment excité.

TENDANCE À RECHERCHER L'ATTENTION

Les chiots doivent apprendre qu'il leur est impossible d'obtenir constamment votre attention. Les chiots confiants et sociables sont plus susceptibles de rechercher votre attention en aboyant, en dérobant des objets ou en sautant. Si vous réagissez à ces comportements, ils apprendront vite que ceux-ci leur permettent d'obtenir votre attention.

Toutefois, il serait pire d'ignorer quelques comportements indésirables peu importants et d'attendre que le chiot se comporte de façon vraiment désagréable avant de réagir, car les problèmes risqueraient de s'aggraver rapidement (surtout si vous l'ignorez également lorsqu'il est calme et se comporte bien). Cela le rendrait difficile à ignorer, surtout lorsque vous avez des visiteurs ou que vous êtes au téléphone.

Lorsque les chiots apprennent à obtenir l'attention, ils peuvent devenir très insistants, particulièrement si vous êtes absorbé dans une activité. Ils ne cesseront de vous observer afin d'obtenir une réaction tout en se comportant mal, puis en s'arrêtant brièvement pour vérifier s'ils ont réussi à obtenir votre attention avant de poursuivre. Pour certains chiots, toute forme d'attention est préférable à l'indifférence de leur maître et ils continueront même s'ils sont grondés.

• Accordez à votre chiot beaucoup d'attention tout au long de la journée. Ce n'est pas toujours simple si vous avez une vie bien remplie, mais il est important de récompenser votre animal lorsqu'il se couche et qu'il se comporte bien. Dites-lui à quel point il est un bon chien et livrez-vous avec lui à des jeux excitants, de courte durée, avec des jouets.

• Il est important que chacun des membres de la maisonnée l'ignore lorsqu'il essaie à tout prix d'obtenir l'attention. Ne lui parlez pas et ne le regardez pas lorsqu'il fait un geste visant à obtenir votre attention.

• S'il s'est habitué à s'emparer d'objets, mettez tous vos objets précieux en lieu sûr et ignorez-le s'il ramasse quelque chose qu'il ne doit pas avoir en sa possession. S'il s'est habitué à obtenir votre attention en agissant ainsi, son comportement risque de s'aggraver avant de s'améliorer, mais tôt ou tard il finira par comprendre qu'il lui est impossible d'obtenir ce qu'il veut et il cessera de mal agir.

• Veillez à récompenser son bon comportement dès que vous l'observez. Vous encouragerez ainsi votre chiot à bien se comporter plus fréquemment.

Marcher avec une laisse relâchée

Un chien qui marche sans tirer sur sa laisse est beaucoup plus agréable à promener qu'un autre qui tire constamment sur celle-ci et essaie de vous entraîner. Les chiens qui se comportent bien en laisse sont plus susceptibles d'être promenés, sont en meilleure forme et plus agréables à vivre à la maison.

Il n'est pas difficile d'enseigner à un chien à ne pas tirer sur sa laisse, mais vous devrez faire preuve de persévérance et exiger que chacun des membres de la famille vous aide à y parvenir pour que votre chiot prenne de bonnes habitudes pendant qu'il est encore jeune. Maintenant que votre chiot a appris qu'il sera récompensé lorsqu'il marche à vos côtés (voir pages 50-51), il est temps de lui enseigner que s'il tire sur sa laisse, vous arrêterez de bouger. Une fois qu'il aura compris la leçon, il essaiera de laisser du jeu dans la laisse

afin de pouvoir continuer à marcher. Il s'agit d'une leçon particulièrement facile à enseigner, mais vous devez être conséquent en appliquant la règle dans toutes les situations de promenade avec une laisse. Vous devez vous immobiliser et attendre **chaque fois** que votre chiot tirera sur sa laisse, ce qui veut dire qu'il faudra plus de temps pour vous rendre à certains endroits si vous devez suivre un horaire quelconque. Tôt ou tard, votre chiot essaiera de faire en sorte que la laisse ait du jeu, de façon à pouvoir marcher sans s'arrêter.

1 Choisissez un endroit tranquille, sans distractions, pour pratiquer cet exercice. Maintenez la laisse à une longueur fixe en tenant la poignée près de votre corps (assurez-vous que la laisse est d'une longueur appropriée pour permettre à votre animal d'être en avant de vous, soit à une distance d'environ deux longueurs de corps).

2 Arrêtez-vous immédiatement chaque fois que la laisse se tend.

3 Incitez votre chiot à revenir à vos côtés.

4 Récompensez-le avant de repartir et n'oubliez pas également de bien le récompenser lorsqu'il laisse suffisamment de jeu à la laisse.

RECOMMANDATIONS

• Arrêtez-vous chaque fois que la laisse devient trop tendue, même si ce n'est pas vraiment pratique, par exemple si vous vous trouvez sur un trottoir très occupé ou que vous marchez avec des jeunes enfants (au début, il est préférable que vous soyez seul avec votre chiot).

• Accordez-vous plus de temps pour vous rendre aux endroits où vous devez aller, de façon à pouvoir vous arrêter en chemin et à donner la leçon à votre chiot sans vous retarder (et vous contrarier !).

• Si votre chiot s'appuie sur la laisse lorsque vous vous arrêtez, remuez-la pour obtenir son attention et pour éviter qu'il ne puisse s'y appuyer, puis attirez-le dans la position voulue.

• Arrêtez-vous et faites reprendre sa position à votre chiot s'il marche devant vous ou tire sur le côté ou par derrière.

CES HUMAINS SONT SI LENTS !

Si votre chiot se promenait sans laisse, il marcherait sans doute plus rapidement que vous. Pour un jeune chiot plein d'énergie, les humains doivent sembler très lents, et il est difficile pour lui de freiner son enthousiasme et sa fougue.

• Pour l'aider à s'adapter, essayez de marcher à une bonne cadence ; votre chiot aura ainsi l'impression de se déplacer relativement vite.

• Les chiots très énergiques trouvent difficile de se promener en laisse. Avant de commencer l'exercice, livrez-vous pendant quelques minutes à des jeux énergiques avec des jouets pour qu'il dépense un peu de son trop-plein d'énergie.

• Vous trouverez normalement plus simple d'habituer votre chiot à ne pas tirer sur sa laisse lorsque vous êtes sur le chemin du retour et qu'il est fatigué. Toutefois, il vaut mieux faire les efforts nécessaires pour lui faire exécuter l'exercice au début de la promenade de façon à ce qu'il apprenne à bien se comporter lorsqu'il est plein d'énergie.

La turbulence

Certains chiots ont beaucoup plus d'énergie que d'autres. De façon générale, les chiots appartenant à des races travaillantes sont plus enjoués, tandis que les chiens des races géantes et les chiens miniatures sont moins énergiques. Si les ancêtres de votre chiot ont été sélectionnés en vue d'être très énergiques, enjoués et vigoureux, vous constaterez qu'il faut travailler ferme pour canaliser toute cette énergie mentale et physique.

Un chiot qui a fait de l'exercice est plus calme. Si votre animal ne fait pas suffisamment d'exercice, il disposera d'un surplus d'énergie qu'il devra dépenser, il deviendra plus difficile à contrôler et plus susceptible de faire des choses qui vous déplaisent. Comme il est difficile d'occuper un chien qui ne fait pas assez d'exercice, celui-ci sera souvent réprimandé ou enfermé pendant de longues périodes pour avoir fait des bêtises, deux conséquences qui ne

sont ni acceptables ni ne constituent de bonnes pratiques. Si votre chiot est turbulent, toujours débordant d'énergie et commet des mauvais coups fréquemment, vous devrez lui faire faire davantage d'exercice. Toutefois, il est déconseillé de promener des chiots sur de longues distances, car ils risquent d'endommager leur os et leurs articulations fragiles. Il vous faut donc trouver d'autres moyens pour que votre chiot dépense son trop-plein d'énergie.

Essayez de trouver un endroit sécuritaire où votre chiot pourra courir en toute liberté sans sa laisse. L'endroit idéal serait un jardin bien clôturé auquel vous avez facilement accès. Vous aiderez ainsi votre animal à dépenser son trop-plein d'énergie dans un lieu où vous pourrez jouer avec lui.

Les jeux vigoureux sont excellents pour dépenser un trop-plein d'énergie, surtout si vous avez appris à votre chiot à rapporter des objets de façon à ce que ce soit lui et non vous qui fasse tout le travail (voir pages 118-119). Essayez des jeux qui comportent plusieurs activités pour votre chiot et qui exigent un minimum d'efforts de votre part. Par exemple, apprenez-lui à retrouver un objet caché (voir pages 120-121), puis dissimulez des jouets pour qu'il se mette à leur recherche.

UN CHIOT QUI FAIT DE L'EXERCICE EST UN CHIOT CALME

Si votre chiot est enjoué, voire turbulent, assurez-vous qu'il a fait suffisamment d'exercice avant de lui demander de rester tranquille, notamment lorsque vous attendez des visiteurs, avant de voyager en voiture ou avant une séance de dressage. Il vous sera alors loisible de récompenser son bon comportement plutôt que d'avoir à prévenir un comportement indésirable ou à y mettre fin.

DES PÉRIODES DE JEU COURTES MAIS FRÉQUENTES

Il est important de ne pas jouer avec votre chiot au point de l'épuiser, de le surmener et d'occasionner des blessures. Vous devez jouer souvent avec lui pendant de courtes périodes durant la journée pour qu'il ait amplement le temps de récupérer entre deux séances de jeu. Une fois qu'il aura dépensé son trop-plein d'énergie physique, il sera temps de procéder aux séances de dressage pour mobiliser son énergie mentale.

LES CHIENS PLUS ÂGÉS ONT PLUS D'ÉNERGIE

En grandissant, votre chiot acquiert plus d'énergie et d'endurance. Soyez prêt à faire face à la musique en lui organisant des activités exigeant plus d'énergie et d'activité exploratoire. Multipliez les sorties à l'extérieur pour qu'il dépense son énergie pendant sa croissance.

BESOIN D'UN GARDIEN DE CHIOT ?

Si votre chiot est très énergique et que vous travaillez de longues heures, il aura probablement besoin de davantage d'heures d'exercice et d'activités d'apprentissage que ce que vous êtes en mesure de lui offrir. Trouvez quelqu'un qui acceptera de venir garder votre chiot pour couper ses longues heures de solitude en s'amusant avec lui à différents jeux.

Trouver quelqu'un qui accepterait de s'occuper de votre chiot pendant vos heures de travail serait encore mieux.

RECOMMANDATIONS

• Faites faire suffisamment d'exercice à votre chiot pour qu'il dépense son trop-plein d'énergie avant d'essayer d'obtenir son attention pour les séances de dressage.

• Vous devez vous efforcer d'harmoniser le jeu et le programme de dressage de votre chiot avec ses besoins d'exercice pour qu'il soit calme et heureux.

• L'exercice mental peut s'avérer plus épuisant que l'exercice physique. Vous devez essayer d'atteindre un équilibre en prévoyant des activités pour le cerveau et le corps de votre chiot.

• Donnez à votre animal plusieurs objets à mâchonner et à découvrir (voir pages 20-21) pour maintenir son intérêt et lui permettre d'utiliser un peu de son énergie mentale.

Problèmes et solutions

Éduquer un jeune chiot requiert du temps, de l'attention et de la patience. Le temps que vous consacrerez à résoudre les problèmes pendant qu'il est jeune vous aidera à empêcher ces problèmes de devenir de mauvaises habitudes, difficiles à éliminer plus tard.

Problème n° 1
Mon chiot fait des trous dans le jardin.

Déterrer les plantes du jardin est une activité très prisée des chiots si on les laisse seuls à l'extérieur trop longtemps. Ce comportement naturel peut s'avérer très destructeur et fâcheux pour le maître, surtout s'il est fier de son jardin.

• Surveillez votre chiot lorsqu'il est dehors et apprenez-lui ce que vous voulez qu'il fasse dans le jardin.

• Donnez-lui des objets à mâchonner et jouez avec lui, puis faites-le rentrer pour qu'il se détende.

• Si vous désirez laisser votre chiot dehors pendant de courtes périodes, observez-le à travers la fenêtre ou assurez-vous qu'il soit dans un coin du jardin clôturé et dans l'impossibilité de causer des dommages. Au début, surveillez-le pour être certain qu'il se sente en sécurité et qu'il ne s'inquiète pas, mais ne le laissez pas à cet endroit trop longtemps, car il risquerait de manifester un comportement indésirable, par exemple aboyer.

Problème n° 2
Mon chiot se met à aboyer lorsqu'il aperçoit sa laisse et il ne s'arrête plus.

Les chiots aboient souvent lorsqu'ils sont excités et risquent d'en prendre rapidement l'habitude. Votre chiot doit apprendre qu'aboyer aura pour effet que vous cesserez toute préparation en vue de la promenade.

• Dès qu'il aboie, arrêtez de bouger, regardez au loin, ne lui parlez pas et attendez qu'il se taise, puis comptez jusqu'à trois en silence avant de poursuivre. Répétez immédiatement cette séquence chaque fois qu'il aboie.

• Au début, prévoyez une période assez longue pour vos promenades, soyez patient et vous constaterez qu'il se rendra compte assez rapidement qu'aboyer vous fait ralentir au lieu d'accélérer.

Problème n° 3
Mon chiot aboie pendant que je suis au téléphone.

Un chiot habitué de faire ses quatre volontés risque de trouver difficile d'être ignoré lorsque vous prêtez attention à une personne qui vous appelle. Comme il est difficile de parler au téléphone pendant qu'un chiot aboie, vous risquez, en intervenant pour le faire taire, qu'il considère son comportement comme un bon moyen d'attirer votre attention.

• Apprenez d'abord à votre chiot à accepter qu'on l'ignore en d'autres occasions.

• Faites semblant de parler avec quelqu'un au téléphone, puis un peu plus tard, demandez à quelqu'un de vous appeler afin de vous exercer à ignorer votre chiot lorsqu'il aboie. Lorsqu'il cessera d'aboyer, récompensez-le en le caressant doucement.

Prêt à passer à l'étape suivante ?

Votre chiot réagit-il à votre signal manuel signifiant « assis » et adopte-t-il la position tout de suite ?

Votre chiot réagit-il au signal manuel signifiant « debout » et adopte-t-il la position tout de suite ?

Votre chiot réagit-il au signal manuel signifiant « couché » et adopte-t-il la position tout de suite ?

Votre chiot se « calme-t-il » facilement lorsque vous êtes à la maison ou chez des amis lorsqu'il est excité ?

Votre chiot revient-il vers vous lorsque vous l'appelez, même s'il est très occupé à autre chose ?

Votre chiot est-il content que différentes personnes le touchent sur tout le corps ?

Votre chiot s'adapte-t-il au rythme auquel il doit marcher lorsqu'il est en laisse, de sorte que celle-ci ait du jeu ?

Accourir sur appel – Introduction aux récompenses occasionnelles

L'une des principales objections soulevées au sujet de l'emploi de récompenses à des fins de dressage, c'est qu'il faut se remplir les poches de friandises et de jouets. Il est pourtant nécessaire de récompenser continuellement votre chiot, mais seulement durant son apprentissage.

Une fois que votre chiot a appris la signification d'un commandement vocal ou d'un signal manuel, il est préférable qu'il ne soit récompensé que de temps en temps (par exemple deux fois sur dix) lorsqu'il réagit correctement. Assurez-vous que votre chiot ait bien appris l'exercice et qu'il réagisse correctement avant de diminuer le nombre de récompenses, sinon il risque d'être très confus. Il est également très important de le féliciter chaque fois qu'il réagit correctement aux signaux.

1 Maintenant que votre chiot a appris à revenir sur appel, même lorsqu'il est occupé à autre chose, il est temps de commencer à diminuer les récompenses.

2 Appelez-le et montrez autant de satisfaction que la première fois où il a réussi l'exercice, mais récompensez-le une fois sur trois en lui offrant des friandises ou en jouant avec lui. Diminuez graduellement le nombre de récompenses jusqu'à une fois sur cinq.

UNE TRANSITION GRADUELLE

Habituez votre chiot, petit à petit, à passer de séances de dressage où vous offrez continuellement des récompenses à un autre stade de dressage où vous ne le récompenserez que de temps à autre. Commencez par le récompenser huit fois sur dix, puis six, ensuite cinq, et continuez de diminuer la fréquence. La récompense au hasard peut s'avérer un concept assez difficile à mettre en pratique puisque vous serez habitué de le récompenser en toute occasion et que vous risquez de vous sentir coupable en ne le faisant plus. Toutefois, si vous y parvenez, vous en retirerez de grands avantages, car votre chiot ne saura plus à quel moment il recevra la récompense, travaillera plus longtemps et mettra plus d'entrain pour le même nombre de récompenses que s'il était continuellement récompensé.

UNE RÉCOMPENSE EXCEPTIONNELLE

Pour rendre le dressage encore plus amusant pour votre chiot et vous assurer qu'il réagisse favorablement, offrez-lui une récompense exceptionnelle à l'occasion. Ce trésor sera constitué de belles récompenses, de friandises en abondance ou de plusieurs objets alléchants. Et comme c'est quelque chose d'exceptionnel, vous sauterez de joie, danserez et célébrerez avec lui la découverte de ce fabuleux trésor ! Pour votre chiot, ce sera l'équivalent d'un gain à la loterie ; il commencera à espérer ce résultat et continuera d'obéir à vos commandements « juste au cas où il y aurait autre chose ». Si vous réservez les trésors et les récompenses pour les occasions où votre chiot accomplit particulièrement bien les exercices, son rendement s'en trouvera amélioré.

Questions-**réponses**

Q Je trouve difficile de ne pas récompenser mon chiot à chaque fois ou de le faire occasionnellement. Existe-t-il une méthode plus facile ?

R Mettez dix boutons dans votre poche, dont deux en couleur. Mélangez-les et sortez un bouton chaque fois que vous appelez votre animal. Si vous avez pris un des boutons de couleur, offrez-lui une récompense ; dans le cas contraire, n'en donnez pas. Si votre chiot est en mesure de savoir quand il sera récompensé et arrête d'obéir lorsqu'il croit qu'il ne le sera pas, vous devrez distribuer vos récompenses de façon encore plus imprévisible. Laissez-le deviner à quel moment il recevra sa récompense.

Q Pourquoi la diminution du nombre de récompenses entraîne-t-elle une amélioration du rendement du chiot ?

R Même si ça peut sembler bizarre, des expériences scientifiques ont démontré que les animaux travaillent plus fort lorsqu'ils sont récompensés de façon occasionnelle et au hasard plutôt que continuellement. L'animal est heureux de faire l'effort requis et devient excité à l'idée d'un gain possible. Ce principe est également valable pour les humains ; c'est sur ce fondement que reposent les loteries et les machines à sous. Ce principe peut être employé avec beaucoup d'efficacité pour améliorer le rendement de votre animal au cours de la période de dressage.

RECOMMANDATIONS

• Gardez les récompenses pour les bonnes performances.

• Gardez les récompenses exceptionnelles pour les performances exceptionnelles.

• N'oubliez jamais de féliciter votre chiot lorsqu'il exécute correctement les exercices pour lui faire savoir qu'il a fait la bonne chose, même si vous ne lui donnez pas de récompense.

• Offrez toujours une récompense à votre chiot lorsqu'il abandonne une activité pour revenir vers vous ou s'il a dû courir une longue distance pour revenir vers vous.

Positions, divers endroits et récompenses occasionnelles

Maintenant que vous appris à votre chiot à obéir aux signaux manuels, vous devez renforcer sa compréhension de ces signaux en lui apprenant à leur obéir à différents endroits, particulièrement si ces lieux comportent des distractions.

Répétez les signaux manuels lorsque votre chiot se trouve dans différentes positions par rapport à vous. Par exemple, demandez-lui d'obéir à votre signal lorsque vous êtes assis dans un fauteuil, debout en face de lui ou derrière lui. Ainsi, il commencera à généraliser et obéira à vos signaux manuels, où que vous vous trouviez lorsque vous êtes en relation avec lui. S'il ne réagit pas, accordez-lui quelques minutes pour qu'il puisse penser à ce qu'il doit faire, puis employez un appât alimentaire pour lui faire adopter la position. N'oubliez pas de bien le féliciter et de lui donner une récompense lorsqu'il réagit de façon appropriée.

De plus, n'oubliez pas de continuer à lui adresser le commandement vocal juste avant le signal manuel, de telle sorte qu'il apprenne à associer le commandement vocal, le signal manuel et ce que vous attendez de lui. Cela vous facilitera grandement la tâche pour lui apprendre à réagir éventuellement au seul commandement vocal, dans une étape plus avancée du dressage (voir pages 90-91).

1 Faites l'exercice chaque fois que vous y pensez, où que vous vous trouviez, par exemple au parc, dans le jardin ou dans la maison d'un ami. Il suffit de quelques secondes pour donner le signal manuel et récompenser l'obéissance de votre petit compagnon. En agissant ainsi, vous lui permettrez de développer sa compréhension de ce que vous voulez qu'il fasse pour obéir en tout lieu.

2 Demandez-lui d'obéir en toute occasion qui puisse vous servir, par exemple lorsqu'il doit se tenir debout pour que vous séchiez le dessous de son corps avec une serviette s'il est mouillé, après une promenade ou un bain.

RECOMMANDATIONS

• Attirez l'attention de votre chiot et donnez-lui un signal manuel dans des endroits fréquentés au moment où il s'y attend le moins, puis récompensez-le s'il réagit bien.

• Commencez à donner à votre chiot des récompenses occasionnellement dans des lieux où il est habitué d'être récompensé pour son obéissance. Il finira par apprendre qu'il obtiendra parfois une récompense à cet endroit et peut-être même une récompense exceptionnelle.

• Vous devez toujours féliciter votre chiot lorsqu'il obéit à vos demandes, même si vous ne lui donnez pas de friandise ou ne faites pas un jeu pour le récompenser.

• N'oubliez pas de vous amuser et de fêter avec votre chiot l'attribution d'une récompense exceptionnelle.

RÉDUIRE LA FRÉQUENCE DES RÉCOMPENSES

Une fois que votre chiot obéira fidèlement à vos signaux manuels, où que vous vous trouviez par rapport à lui et peu importe ce qui se passe autour de vous, il sera temps de diminuer le nombre de récompenses.

Réduisez graduellement le nombre de récompenses jusqu'à ce que vous lui offriez une récompense une fois sur cinq (voir page 74). Réservez les récompenses pour ses meilleures performances, mais félicitez-le chaque fois qu'il vous obéit, afin qu'il sache qu'il a fait la bonne action.

N'oubliez pas de lui donner une récompense exceptionnelle à l'occasion pour gratifier toute performance exceptionnelle, par exemple être resté couché lorsqu'un autre chien est passé devant lui.

3 Une fois que votre chiot aura appris à obéir aux signaux manuels à de nombreux endroits différents, commencez à lui enseigner à obéir lorsque d'autres activités se déroulent autour de lui. Commencez par des distractions qui ne sont pas trop excitantes, par exemple des gens qui vous dépassent en marchant. Ensuite, concentrez-vous sur une activité que votre chiot est susceptible de préférer à ce que vous lui demandez.

4 N'oubliez pas de bien le récompenser lorsqu'il accomplit quelque chose pour la première fois. Une fois qu'il saura ce qu'il doit faire, diminuez la fréquence des récompenses pour obtenir un meilleur rendement.

Lui faire accueillir les étrangers en position assise

Malheureusement, tout le monde n'aime pas les chiens et certaines personnes en ont peur. C'est pourquoi il est important que votre chiot puisse accueillir les invités et les étrangers en position assise et attendre qu'on s'approche de lui plutôt que de courir dans leur direction et sauter sur eux.

Si vous avez appris à votre chiot à ne pas accueillir les étrangers en sautant sur eux (voir pages 48-49), vous aurez déjà un bon pas de fait pour lui montrer cet exercice et il sera plus facile de lui apprendre à bien se comporter.

La façon la plus simple d'enseigner cet exercice consiste à demander l'aide de quelques amis. Choisissez une maison ou un immeuble de dimension appropriée autour duquel vous pouvez vous promener, puis demandez à vos assistants de marcher lentement dans une direction autour de l'immeuble pendant que vous prenez la direction opposée avec votre chiot jusqu'à ce que vous vous rencontriez.

Si possible, essayez d'organiser plusieurs séances, même s'il s'agit de membres de la famille au lieu d'étrangers. Organisez ensuite des rencontres avec des amis dans un parc ou dans le cadre de promenades afin de répéter cet exercice. Enseignez cette leçon à votre chiot jusqu'à ce qu'il ait pris l'habitude de s'asseoir lorsqu'il rencontre de nouvelles personnes.

1 Lorsque vous rencontrez quelqu'un, demandez à votre chiot de s'asseoir. Demandez à la personne de cajoler le chiot uniquement si celui-ci s'est assis et de reculer s'il est resté debout.

2 Si le chiot se lève, l'assistant doit s'éloigner lentement. Demandez une autre fois au chiot de s'asseoir et attirez-le dans cette position, au besoin, pour que la personne puisse revenir devant lui une autre fois.

3 Au bout de quelques répétions avec différentes personnes, vous constaterez que votre petit compagnon saura qu'il doit s'asseoir et rester tranquille s'il veut que les gens s'approchent de lui. Continuez jusqu'à ce qu'il s'assoie spontanément pour accueillir les gens lorsqu'ils s'approchent de lui.

LA POLITESSE À LA PORTE D'ENTRÉE

En plus de répéter cet exercice à l'extérieur, vous devrez apprendre à votre chiot à agir de la même façon à l'intérieur de la maison, particulièrement à la porte d'entrée. Essayez de trouver parmi vos amis quelques personnes qui accepteront de vous prêter main-forte pour cet exercice, jusqu'à ce que votre chiot s'assoie facilement et demeure dans cette position lorsque des visiteurs arrivent et se tournent vers lui.

Poursuivez l'exercice en demandant à vos assistants de répéter ce scénario jusqu'à ce que votre chiot s'assoie et demeure dans cette position sans que vous lui ayez demandé lorsque vous ouvrez la porte pour laisser entrer le visiteur.

Questions-réponses

Q Mon chiot est enjoué et excitable, et il est très difficile de le faire rester tranquille. Que dois-je faire ?

R Assurez-vous que votre chiot a fait suffisamment d'exercice et qu'il est assez fatigué pour rester tranquille avant d'entreprendre cette leçon.

Q Mon conjoint insiste pour laisser notre chiot sauter sur lui lorsqu'il arrive à la maison. Est-il possible de le dresser tout de même à ne pas sauter sur les visiteurs ?

R Oui, mais ce sera plus ardu s'il est récompensé à l'occasion lorsqu'il adopte un comportement indésirable, surtout si ce comportement est valorisant en lui-même. Essayez de faire participer votre conjoint au dressage pour qu'il se rende compte à quel point c'est difficile et il sera peut-être moins enclin à l'idée de permettre à votre chiot de développer des comportements indésirables.

Q Mon chiot s'assoit, puis se remet à sauter dès que les visiteurs s'accroupissent pour le flatter. Que dois-je faire pour qu'il demeure assis ?

R Demandez aux visiteurs de se retirer dès qu'ils voient que le chiot change de position. Faites-lui reprendre la position voulue et demandez à vos visiteurs de s'avancer très lentement vers lui lorsqu'ils se penchent pour le récompenser afin de ne pas trop l'exciter et de ne pas l'inciter à se lever.

RECOMMANDATIONS

• Assurez-vous que tous les membres de votre famille viennent cajoler votre chiot lorsqu'il est assis. S'il acquiert de bonnes habitudes avec les gens qu'il préfère, cela sera beaucoup plus facile d'accueillir convenablement des visiteurs.

• Si votre chiot trouve difficile de rester assis, veillez à ce qu'il ait fait beaucoup d'exercice avant la séance d'apprentissage pour qu'il soit fatigué et plus susceptible d'attendre que les gens viennent à lui.

• Si votre chiot est très sociable et trouve difficile de rester assis lorsqu'il voit des gens s'approcher, demandez à chacun des participants de ralentir ses gestes pour que votre chiot soit moins excité.

L'habituer à se faire examiner par des étrangers

Maintenant que votre chiot est à l'aise lorsque des étrangers le touchent et que vous l'examinez comme le ferait un vétérinaire ou un toiletteur, il est temps de l'habituer à se faire examiner par des étrangers.

Beaucoup de chiots n'ont pas suffisamment de contacts avec d'autres personnes que leurs maîtres, avec pour résultat qu'ils deviennent nerveux lorsqu'ils rencontrent le toiletteur ou s'ils sont examinés par le vétérinaire. Si votre chiot n'aime pas être touché ou subir des contraintes par des gens qu'il ne connaît pas, il peut tenter de mordre, de grogner ou manifester d'autres formes d'agressivité pour se dégager. Ce comportement vaut parfois au chiot d'être brusqué pour qu'il obéisse ou entraîne un examen plus superficiel si le vétérinaire ne parvient pas à l'examiner sans qu'il s'agite.

Avant d'effectuer ces exercices, assurez-vous que vous pouvez toucher votre chiot sur tout son corps et l'examiner comme le ferait un vétérinaire sans qu'il se débatte ou s'y oppose (voir pages 52-53). Vous devez vous assurer que des étrangers soient capables de faire de même avant d'entreprendre cet exercice.

S'il y a un aspect particulier de l'exercice qui déplaît particulièrement à votre chiot, demandez aux étrangers de l'éviter et efforcez-vous de travailler à désensibiliser votre animal en ce qui concerne cet aspect avant de leur demander de réessayer un autre jour.

1 Demandez à votre assistant de promener votre chien en laisse sur une courte distance et de passer quelques moments avec lui pour apprendre à le connaître et qu'il se sente à l'aise en sa présence.

2 Demandez à votre partenaire d'examiner délicatement ses oreilles et ses yeux.

3 Demandez ensuite à votre partenaire d'examiner chacune de ses pattes. Demandez-lui de soulever votre animal, de le tenir et de le contenir, puis de le relâcher lorsqu'il se sera calmé.

SIGNES D'ANXIÉTÉ

Observez attentivement votre chiot afin de déceler tout signe d'anxiété, par exemple se lécher les babines, lever la patte, bâiller ou haleter. Si vous observez ces signes, demandez à votre partenaire d'y aller plus délicatement et plus lentement et d'offrir des récompenses pour que le chiot soit plus obéissant.

CHANGER D'ENDROIT

Si possible, demandez à plusieurs personnes de faire ces exercices à différents endroits jusqu'à ce que votre chiot accepte de bon gré d'être touché et examiné de cette façon, où qu'il se trouve. Comme les chiots ont chacun leur caractère et que la période nécessaire pour accepter d'être touché par d'autres personnes peut varier d'un chiot à l'autre, vous devrez continuer à répéter les exercices jusqu'à ce que votre animal s'habitue à être manipulé par d'autres personnes.

Questions-**réponses**

Q Mon chiot s'inquiète ou panique lorsqu'on l'éloigne de moi. Comment faire pour qu'il s'habitue ?

R Procédez plus lentement et diminuez la distance à laquelle on l'éloigne de vous. Demandez à vos visiteurs de jouer avec lui, de lui offrir des récompenses et de lui parler doucement pour gagner sa confiance avant de l'éloigner davantage de vous.

Q Mon chiot se débat lorsque des gens commencent à l'examiner et essaie de s'enfuir. Comment résoudre ce problème ?

R Mettez plus d'efforts pour lui faire accepter d'être touché délicatement par des étrangers avant de l'habituer à se faire examiner. Assurez-vous d'abord qu'il aime que vous le touchiez et l'examiniez avant de demander à d'autres personnes de le faire.

4 Demandez-lui de regarder sous sa queue.

5 Comme il s'agit d'un exercice d'obéissance, soyez attentif à toute réaction négative que pourrait manifester votre chiot ; au besoin, demandez à votre partenaire d'y aller plus lentement dans une région du corps et d'offrir des friandises au chiot pour qu'il soit plus enclin à obéir. Demandez-lui de persévérer en douceur, mais de respecter le rythme du chiot et de ne pas forcer son acceptation.

L'habituer à tous les types d'humains

Si vous désirez qu'il grandisse en confiance, qu'il soit bien adapté à son environnement et non craintif, votre chiot doit s'habituer à rencontrer tous les types d'humains possible. S'il est heureux d'être entouré d'à peu près n'importe qui, c'est une excellente nouvelle, car il sera heureux où que vous alliez.

Promenez-le et essayez de lui faire rencontrer le plus de gens possible de tous les genres. Si ce n'est pas possible, la meilleure chose que vous puissiez faire serait de l'habituer à des tenues vestimentaires inhabituelles en demandant à des membres de votre famille ou à des amis de se déguiser avec différents costumes. Si vous constatez que votre chiot est intimidé par une apparence particulière, essayez de l'exposer un peu chaque jour à ce déguisement jusqu'à ce qu'il s'habitue.

Utilisez des jeux et des récompenses pour augmenter sa tolérance à tout ce qui peut être inhabituel. Ainsi, vous pouvez lui présenter des gens qui marchent avec une canne ou des béquilles, qui portent des lunettes de soleil, des vêtements foncés, une barbe, un chapeau, un casque de moto, un parapluie, un sac à main ou à dos, de même que des gens à bicyclette ou en chaise roulante, des enfants en poussette et des gens provenant de différentes communautés ethniques.

Rencontrer quelqu'un qui porte un casque de moto aidera votre chiot à comprendre que les gens qui ont une apparence différente sont amicaux et ne représentent aucun danger.

Les chapeaux modifient l'apparence et risquent d'effrayer des chiots timides. Dans l'esprit d'un chiot, l'utilisation d'une canne peut aussi modifier de beaucoup notre apparence.

Imaginez que votre animal rencontre quelqu'un portant ce déguisement, à la porte, lors d'une soirée déguisée ! Les chiots doivent se familiariser dès leur jeune âge avec ce genre d'effet pour pouvoir l'accepter lorsqu'ils seront plus âgés.

Comme on voit moins de parapluies durant l'été, c'est le temps d'habituer les chiots à les voir s'ouvrir, se fermer et tournoyer en prévision des autres saisons.

RECOMMANDATIONS

• Prenez garde de ne pas effrayer votre chiot lorsqu'il vous verra pour la première fois sous une nouvelle apparence, car une première impression de crainte peut durer toute la vie.

• Si votre chiot semble inquiet, emmenez-le plus loin, dites-lui à quel point il est un bon chien, jouez brièvement avec lui ou offrez-lui quelques récompenses pour alléger l'atmosphère, puis faites un autre essai.

• Demandez à la personne qui s'est déguisée de présenter des jouets ou des friandises à votre chiot pour qu'il accepte plus rapidement sa présence.

• Essayez de penser à toutes les choses inhabituelles que les gens sont susceptibles de faire ou de porter, et assurez-vous que votre animal les accepte toutes avec plaisir avant qu'il devienne adulte.

Marcher près de la circulation et changer de direction

Maintenant que votre chiot a appris que la laisse doit être relâchée et qu'il sera bien récompensé lorsqu'il marche à vos côtés, il est temps de passer à l'étape suivante.

Essayez de trouver un endroit paisible sans distractions et exercez-vous à tourner et à marcher autour d'objets. Mettez en place quelques objets ou servez-vous d'obstacles naturels autour desquels vous pourrez marcher. Définissez votre trajet avant de commencer votre promenade afin de vous concentrer à montrer au chiot à tourner en même temps que vous. Avant de changer de direction, prévenez-le en disant son nom et en l'incitant à marcher à vos côtés. Ralentissez et faites en sorte qu'il reste à vos côtés. N'oubliez surtout pas de l'encourager et de le féliciter s'il adopte la position voulue.

Une fois que votre chiot pourra faire ces exercices facilement, maintenez son intérêt en accélérant le pas jusqu'à courir, puis ralentissez pour quelques pas. Faites en sorte que votre chiot essaie de deviner ce que vous ferez ensuite pour que son attention reste concentrée sur vous. Lorsqu'il vous regarde, changez brusquement de direction et incitez-le à bouger en même temps, puis récompensez-le en conséquence lorsqu'il obéit. En adoptant ce comportement, votre chiot apprendra à penser à vous et à la direction que vous voulez prendre plutôt qu'à la direction qui l'intéresse.

MARCHER À PROXIMITÉ DE LA CIRCULATION

Placez-vous entre les voitures et votre chiot pour l'aider à se sentir en sécurité. Commencez dès son plus jeune âge à vous promener avec lui dans des rues tranquilles ou aux trottoirs larges pour lui éviter d'être trop près de la circulation rapide avant d'y être habitué.

Apprenez à votre chiot à s'asseoir à vos côtés au bord du trottoir avant de traverser la rue. Vous l'aurez alors bien en mains et il sera moins susceptible de vous entraîner dans la circulation. Si vous lui avez appris à s'asseoir près de vous dans d'autres circonstances, il sera enclin à faire de même au bord du trottoir. Toutefois, s'il hésite, attirez-le dans la position voulue au moyen d'une friandise, puis récompensez-le comme il se doit lorsqu'il s'assoira.

RECOMMANDATIONS

• Faites comprendre au chiot que vous allez bientôt tourner ou changer de direction en obtenant son attention et en lui demandant de se tenir plus près de votre jambe.

• N'oubliez pas de vous arrêter **chaque fois** que la laisse devient tendue lorsque vous vous trouvez dans un contexte où il y a des distractions, pour que votre chiot apprenne à faire attention de maintenir la laisse relâchée en tout temps.

• Placez-vous toujours entre votre chiot et la circulation pour qu'il se sente protégé et soit en mesure de se concentrer sur sa façon de marcher lorsqu'il est en laisse.

Tenez toujours votre chien en laisse lorsque vous êtes dans la rue, même si vous croyez qu'il est bien dressé. Il est possible qu'il aperçoive un chat ou quelque chose susceptible de l'exciter encore davantage et d'oublier momentanément que vous lui avez demandé de marcher à vos côtés.

VOTRE CHIOT CRAINT LA CIRCULATION

Si votre chiot a très peur de la circulation ou tente de pourchasser les voitures et les camions, vous devez prendre le temps nécessaire pour l'aider à surmonter ses craintes. Si vous ne le faites pas lorsqu'il est en bas âge, il conservera une crainte permanente de la circulation ou développera l'obsession de pourchasser les voitures et d'autres véhicules.

• Conduisez votre chiot à un endroit où vous pourrez garder une grande distance entre lui et une route passante ; ainsi, il se sentira suffisamment détendu pour jouer et manger.

• À cette distance, jouez avec lui et offrez-lui des friandises savoureuses pour qu'il apprenne à associer les véhicules à quelque chose d'agréable. Soyez enjoué et rendez l'expérience la plus amusante possible.

• Continuez ainsi et rapprochez-vous lentement de la circulation pendant que vous jouez et offrez des récompenses.

• Répétez ces séances en vous rapprochant un peu plus chaque fois jusqu'à ce que votre chiot soit content de se promener sur le trottoir à proximité de la circulation. Pour certains chiots plus sensibles, il faudra peut-être plusieurs semaines. Toutefois, si vous y allez lentement et que vous n'obligez jamais votre chiot à s'approcher à une distance qu'il trouve intimidante, vous serez sur la bonne voie.

« Attends » / « reste »

Le commandement « attends » ou « reste » est très important à apprendre pour votre chiot puisqu'il se présentera de nombreuses occasions où vous voudrez qu'il reste immobile pendant un moment pendant que vous ferez autre chose. Il s'agit d'une leçon facile à enseigner pour autant que vous vous assuriez qu'il ait fait suffisamment d'exercice avant de l'entreprendre.

Le commandement « attends » peut s'avérer utile dans de nombreuses situations où vous voulez que votre chiot reste immobile jusqu'à ce que vous lui donniez une directive contraire. Bien qu'il soit difficile pour un jeune chiot de rester en place, il est possible de lui apprendre à rester au même endroit jusqu'à ce qu'il reçoive une récompense. L'exercice sera plus facile si les séances d'apprentissage sont courtes.

Répétez l'exercice suivant à quelques reprises en augmentant graduellement la période pendant laquelle votre chiot devra rester tranquille à attendre sa récompense.

Mettez fin à la première séance lorsque votre chiot pourra rester immobile jusqu'à un compte de cinq, puis répétez l'exercice sur plusieurs séances en augmentant graduellement la période d'attente.

Une fois que votre chiot aura compris que tout ce qu'on lui demande, c'est de s'asseoir et d'attendre, répétez l'exercice plusieurs fois par jour à différents endroits de la maison, dans le jardin et à l'extérieur. Demandez-lui de s'asseoir et d'attendre avant de faire quelque chose dont il a envie, par exemple se diriger vers la porte d'entrée, ou avant de lui servir son repas.

1 Attirez votre chiot pour qu'il s'installe en position assise à côté de vous.

2 Obtenez son attention en disant son nom et au besoin montrez-lui que vous êtes en possession d'une récompense.

3 Demandez-lui d'attendre et adressez-lui un signal manuel. Comptez jusqu'à deux et récompensez-le bien pendant qu'il demeure en position. S'il essaie de bouger, utilisez la laisse pour l'empêcher de trop s'éloigner et incitez-le à se remettre dans la position précédente au moyen d'une récompense (ne la lui donnez pas tout de suite, attendez plutôt qu'il cesse de bouger).

« RESTE » OU « ATTENDS » ?

Vous êtes libre du choix du mot pour demander à votre chiot d'attendre, mais il est essentiel d'en employer qu'un seul. Optez donc pour un mot comme « attends » ou « reste » et limitez-vous à ce mot.

Certains font la différence entre attendre et rester en employant « attends » dans les occasions où ils appellent leur chien à partir de cette position (par exemple, quand ils lui demandent d'attendre au moment où ils se dirigent vers une porte devant lui) et « reste » dans les occasions où ils reviennent vers lui en guise de test d'obéissance. Mais comme le chiot doit apprendre à rester en place jusqu'à ce que vous lui donniez un autre signal, il n'est pas vraiment nécessaire de faire la différence entre ces deux commandements vocaux avant d'atteindre un niveau de dressage plus avancé.

4 Récompensez-le comme il se doit pendant qu'il se trouve encore dans la position voulue, ce qui l'aidera à comprendre pourquoi il est récompensé. Offrez-lui des récompenses, félicitez-le en lui parlant doucement pour ne pas qu'il s'excite et se relève. Cessez de le récompenser s'il quitte cette position.

Questions-réponses

Q Mon chiot a un trop-plein d'énergie et n'écoute pas mes commandements. Est-ce que je fais quelque chose d'incorrect ?

R Il est facile d'apprendre à votre chiot à attendre lorsqu'il a fait suffisamment d'exercice. Si vous attendez que votre chiot ait fait beaucoup d'exercice et ait bien joué, il ne sera pas réticent à rester en place. Il est beaucoup plus difficile d'essayer d'apprendre cette leçon à un chiot qui déborde d'énergie.

Q Devrais-je lui demander de s'asseoir ou de se coucher ?

R Vous pouvez apprendre à votre chiot à attendre dans l'une ou l'autre position. Optez pour une position et conservez la même jusqu'à ce que votre chiot comprenne sa signification avant de lui enseigner à attendre dans une autre position. L'attente assise est plus pratique, car votre chiot est susceptible de se faire demander plus souvent de s'asseoir et d'attendre que de se coucher et d'attendre.

Q Devrais-je utiliser un signal manuel ou un commandement vocal ?

R Comme pour tous les exercices, les signaux manuels sont plus rapides à apprendre que les commandements vocaux. En donnant à votre chiot un signal manuel clair, vous l'aiderez à apprendre ce qu'il doit savoir plus rapidement. Lorsque vous lui apprenez le commandement « attends », les deux types de signaux peuvent être enseignés simultanément. Toutefois, le commandement vocal doit précéder le signal manuel.

Q Où devrais-je demander à mon chiot d'attendre ?

R Que vous lui appreniez à s'asseoir à vos côtés ou face à vous, cela a peu d'importance, bien qu'il soit un peu plus facile de corriger tout mouvement s'il est assis à vos côtés.

Q Mon chiot attend à la porte lorsque je lui demande de le faire, mais il essaie rapidement de passer la porte. Que dois-je faire pour qu'il ne bouge pas ?

R Récompensez-le plus souvent lorsqu'il est en position d'attente que lorsque vous l'appelez de l'autre côté de la porte. Il commencera à anticiper sa récompense pour être resté immobile plutôt que de prévoir que vous l'appellerez à travers la porte.

Le faire accourir et délaisser les distractions sur appel

Maintenant que votre chiot a appris à revenir vers vous lorsque vous l'appelez, et ce même lorsqu'il s'amuse en jouant (voir pages 62-63), il est temps de lui apprendre à revenir vers vous lorsqu'il est occupé à des activités agréables, par exemple lorsqu'il prend son repas, qu'il court en direction de quelqu'un ou qu'il joue avec d'autres chiens.

La plupart des propriétaires de chiens n'enseignent jamais cet exercice à leur chiot et se demandent ensuite pourquoi leur animal n'accourt pas vers eux, délaissant une activité plus excitante. Ne vous attendez pas à ce qu'il accoure sur appel uniquement parce qu'il connaît le commandement. Il faut que votre animal sache qu'il sera bien récompensé s'il répond à votre appel, peu importe ce qu'il fait.

Dressez une liste de toutes les situations au cours desquelles vous êtes susceptible d'appeler votre chiot pour qu'il délaisse une activité qui lui plaise et revienne vers vous. Faites l'exercice dans chacune des situations à tour de rôle jusqu'à ce que votre chiot accoure immédiatement vers vous dès que vous l'appelez.

Il est difficile pour votre chiot d'abandonner une activité qu'il aime et vous devrez vous assurer qu'il sache qu'une bonne réaction de sa part lui vaudra une bonne récompense. Vous y parviendrez en lui faisant savoir que vous avez en votre possession quelque chose qu'il aime et qu'il sera bien récompensé pour son obéissance.

1 Laissez votre chiot jouer un certain temps avec l'autre chien, puis demandez à son maître de retenir celui-ci lorsque vous appelez votre animal. Demandez-lui d'éloigner votre chien pour ne pas qu'il puisse jouer avec son congénère.

2 Si votre chiot n'obéit pas dès le premier appel, attirez-le en l'éloignant de l'autre récompense, courez à reculons et faites en sorte que votre chiot ait du plaisir en venant vers vous avant de le récompenser.

PUNITION

Ne punissez jamais votre chien s'il ne revient pas immédiatement vers vous, peu importe ce qu'il a fait avant de venir et votre niveau de frustration. S'il est revenu vers vous, il doit être récompensé afin de reproduire ce comportement la fois suivante. S'il est lent à revenir, tenez pour acquis que votre stratégie de dressage n'a pas été adéquate et essayez de trouver un moyen plus efficace de lui apprendre l'exercice.

CENT FOIS SUR LE MÉTIER

Effectuez l'exercice consistant à le rappeler vers vous lorsqu'il est occupé à poursuivre quelque chose qui l'intéresse, par exemple des cyclistes ou des enfants qui courent. Provoquez des situations où vous pourrez demander aux cyclistes ou aux enfants de s'arrêter dès que vous appelez votre chiot, et une fois qu'il sera revenu vers vous, livrez-vous avec lui à un jeu de poursuite qui saura l'exciter.

RECOMMANDATIONS

• Si vous croyez qu'il y ait une possibilité que votre chiot n'obéisse pas, augmentez vos chances de réussite en vous rapprochant ou en l'appelant d'une voix plus forte et pressante.

• Exercez-vous à appeler votre chiot à quelques reprises à chaque promenade et non seulement lorsque vous désirez le mettre en laisse pour rentrer à la maison. Dites-lui à quel point il est un bon chien lorsqu'il vient vers vous et donnez-lui des friandises à l'occasion et quelques récompenses exceptionnelles.

• Une fois qu'il aura pris l'habitude de revenir vers vous régulièrement, essayez de ne pas être indifférent et de vous rappeler à quel point vous étiez content lorsqu'il est venu vers vous la première fois. Vous vous devez d'être aussi enthousiaste à chacun de ses retours.

3 Récompensez-le bien pour être revenu vers vous, tenez son collier quelques instants et jouez avec lui.

4 Laissez-le libre de retourner jouer. Répétez cet exercice jusqu'à ce qu'il revienne vers vous immédiatement lorsqu'il joue avec d'autres chiens avant de le laisser s'amuser librement avec d'autres chiens dans une aire ouverte.

L'habituer à se faire toucher sur une table

À moins que vous ne fassiez régulièrement la toilette de votre chiot sur une table, celui-ci n'est pas habitué d'être installé sur une surface élevée. Pour vous assurer qu'il accepte cette situation, surtout lorsqu'il devra se faire examiner chez le vétérinaire, il est utile de faire cet exercice à la maison jusqu'à ce que votre animal se sente à l'aise et en sécurité.

Pour préparer votre chiot à se faire examiner chez le vétérinaire, vous devrez lui apprendre à accepter d'être placé sur une table et à s'habituer à y être touché et examiné. Si votre chiot est inquiet dans cette situation, placez-le sur la table plusieurs fois par jour et donnez-lui ses friandises préférées ou son repas à cet endroit. Continuez jusqu'à ce qu'il apprécie être allongé sur la table, puis habituez-le à être touché et examiné.

1 Soulevez-le lentement et délicatement pour le placer sur la table afin qu'il s'habitue à la hauteur.

2 Assurez-vous qu'il ne puisse pas tomber et tenez-le en tout temps. Commencez lentement et donnez-lui le temps d'accepter d'être sur la table.

3 Répétez l'exercice jusqu'à ce que vous puissiez examiner rapidement et efficacement ses oreilles, ses yeux, ses dents, sa gueule, ses pattes, puis de l'examiner sous la queue.

LAISSER DES ÉTRANGERS L'EXAMINER SUR LA TABLE

Une fois que votre chiot sera habitué à être examiné par vous sur la table, demandez à un ami de l'aider à s'habituer à être touché par d'autres personnes comme le ferait un vétérinaire ou un toiletteur. Demandez-lui de le soulever et de le déposer sur la table, et d'examiner ses yeux, ses oreilles, ses dents, sa gueule, ses pattes, puis de l'examiner sous la queue.

Demandez-lui également de le brosser et d'employer une serviette pour faire semblant de le sécher. N'oubliez pas de mentionner à votre ami qu'il est important de respecter le rythme de l'animal pour ne pas trop lui en demander à la fois.

Surveillez l'exercice à distance et intervenez au besoin pour que votre chiot ne s'inquiète pas. Demandez à votre assistant de faire en sorte que votre petit compagnon trouve l'exercice amusant en lui donnant des récompenses de temps à autre.

COMMENT SE COMPORTER AVEC UN CHIOT TIMIDE

Si votre chiot est timide, allez-y plus lentement. Commencez par lui faire accepter des récompenses offertes par des visiteurs lorsqu'il est couché sur la table et que vous vous tenez à côté de lui. Une fois qu'il aura appris à apprécier recevoir une récompense d'un étranger, habituez-le à recevoir des caresses de la part d'un visiteur, puis graduellement à se laisser prendre au fur et à mesure que l'étranger obtient sa confiance. Demandez à votre partenaire d'arrêter lorsque vous croyez que la capacité maximale d'acceptation de votre chiot a été atteinte, et recommencez le lendemain jusqu'à ce que votre animal se sente à l'aise avec cet exercice.

Répétez cette leçon aussi souvent que possible avec au moins une dizaine de personnes différentes pour que votre chiot s'habitue graduellement à faire confiance aux gens et à aimer l'expérience.

RECOMMANDATIONS

• S'il ne bouge pas pendant que vous l'examinez, récompensez-le bien.

• Si la surface de la table est glissante, placez-le sur un coussin antidérapant, par exemple un tapis de baignoire.

• Pour commencer, demandez assistance à des gens qui sauront agir avec douceur.

• Demandez à des gens qui sont habitués d'avoir des contacts avec des chiens et qui seront plus efficaces en manipulant votre chiot.

LA COUPE DES ONGLES

Faites semblant de couper les ongles à votre chiot régulièrement pour qu'il soit content lorsque vous les couperez pour vrai. Vous ne devez pas couper ses ongles avant qu'une personne qualifiée ne vous ait montré comment le faire correctement, mais vous pouvez tout de même l'habituer graduellement à l'idée de se faire couper les ongles.

Asseyez-vous sur le sol avec le chiot et blottissez son corps contre le vôtre pour qu'il se sente en sécurité et ne puisse s'enfuir. Tenez délicatement mais fermement l'une de ses pattes, écartez doucement ses orteils et placez la pince contre son ongle. S'il reste tranquille, récompensez-le en lui offrant une petite friandise, sinon allez-y plus lentement.

Commencez par un seul ongle, puis continuez et faites semblant de couper facilement tous ses ongles. Continuez avec chacune des pattes jusqu'à ce qu'il demeure calme, puis donnez-lui sa récompense.

Les aboiements

Les races canines de petite taille sont plus portées à aboyer, particulièrement les terriers, qui s'excitent facilement. Ce comportement peut devenir problématique tant pour les maîtres que pour les voisins, à moins de veiller à ce que cette mauvaise habitude soit contrôlée de façon à ne pas dépasser les bornes.

Certains maîtres sont inquiets lorsque leur chiot n'aboie pas, car ils croient que ce comportement signifie que leur animal ne deviendra pas un « bon chien de maison » lorsqu'il sera plus âgé. Bien qu'il s'agisse d'une inquiétude naturelle, elle s'avère sans fondement puisque bon nombre de chiots ne sont pas assez confiants pour aboyer dès leur plus jeune âge. Au fur et à mesure qu'ils gagnent en confiance, ils commencent à se manifester lorsqu'ils sentent que les membres de la famille sont en danger. Ce comportement s'installe généralement vers l'âge de six à huit mois.

Certains chiots sont plus enclins à aboyer que d'autres, surtout les races de terriers. Si vous permettez ou encouragez votre animal à aboyer pendant qu'il est encore jeune, il est probable qu'il en abusera une fois parvenu à maturité.

Un aboiement excessif peut facilement devenir valorisant pour l'animal et c'est une habitude difficile à éliminer.

Voilà pourquoi il est préférable d'interrompre les aboiements dès qu'ils commencent ou, mieux encore, d'attirer l'attention de votre chiot juste avant qu'il commence à aboyer pour le plonger dans une activité intéressante sur laquelle il devra se concentrer.

Il est également important de dissuader votre chiot d'aboyer pour vous alerter en lui offrant une activité plus amusante dans un autre endroit, de façon à ce qu'il apprenne à ne pas s'inquiéter ou à ne pas voir des menaces sur son territoire. Sinon, votre chiot risque d'en faire une habitude et il sera difficile de le contenir lorsqu'il sera plus âgé, plus fort et plus confiant.

ABOYER SUR COMMANDE
Il est préférable de ne pas apprendre aux chiots à aboyer sur commande, à moins que vous ne soyez un dresseur expérimenté et en mesure de faire cesser les aboiements au moment voulu. L'aboiement est un comportement valorisant et susceptible de devenir rapidement un problème.

LE COLLIER PUNITIF

Rejetez tout recours à un collier qui punirait votre chiot en projetant de la citronnelle ou en donnant un choc électrique lorsqu'il aboie. En plus de le terrifier, vous ne réussiriez pas à éliminer la cause de l'aboiement et le désir d'aboyer serait toujours présent. Et comme la situation ou le problème qui irrite votre chiot ne serait pas réglé, il pourrait adopter un autre comportement indésirable.

ABOIEMENTS EXCESSIFS

Si votre chiot aboie au point de devenir insupportable, il est important de mettre un terme à cet agissement avant que l'habitude soit trop ancrée. Les chiots aboient pour plusieurs motifs : par crainte, par excitation, par frustration, par ennui ou parce qu'ils ont besoin d'attention. Non seulement devrez-vous interrompre les aboiements dès qu'ils auront commencé, mais vous devrez absolument vous attaquer à la source du problème, soit découvrir la raison qui pousse votre chien à aboyer.

ABOIEMENT TERRITORIAL

Certains chiens, tels les bergers allemands, ont particulièrement tendance à protéger leur maison et leur territoire. Comme ce comportement est causé en partie par la peur, il est très important de permettre à votre animal d'être en contact avec beaucoup de personnes et de favoriser les expériences agréables avec des étrangers pour qu'il ne sente pas la nécessité de les chasser. Il ne faut pas non plus négliger l'importance d'emmener votre chien à différents endroits pour qu'il s'habitue à être à l'extérieur et soit moins attaché à son environnement immédiat.

Problèmes et solutions

La crainte et l'anxiété

• Changez votre chiot d'endroit ou éloignez-le de ce qui est susceptible de lui inspirer la peur.
• Aidez-le à s'habituer graduellement à ce qui l'effraie, tout en prenant soin de respecter son rythme, en lui offrant des friandises savoureuses et en jouant avec lui pour qu'il oublie ses craintes et s'amuse.

L'excitation

• Essayez de vous amuser plusieurs fois par jour avec votre chiot pour éviter qu'une seule activité ne l'excite trop.
• Restez immobile et laissez l'excitation diminuer jusqu'à ce que cessent les aboiements.
• Détournez l'attention de votre chiot et amenez-le à se concentrer sur autre chose.

La frustration et la recherche d'attention

• Voir pages 66-67.

L'ennui

• Occupez votre chiot en lui proposant plus d'activités et en jouant davantage avec lui.
• Procurez-lui plus d'exercice et de stimulation à l'extérieur de la maison et de son environnement immédiat.

Marcher avec une laisse relâchée dans un environnement comportant des distractions

Marcher normalement avec une laisse relâchée est l'un des exercices les plus difficiles à maîtriser pour le maître et pour son chiot. À ce stade du dressage, votre chiot devrait être habitué de laisser du jeu dans la laisse lorsque vous faites une promenade. (Si ce n'est pas le cas, revenez aux étapes précédentes et réessayez plus tard). Il est maintenant temps de lui apprendre à laisser du jeu dans la laisse, peu importe ce qui se passe autour de lui.

Maintenant que votre chiot reste plus près de vous, où que vous alliez, et que vous n'avez plus besoin de l'avertir lorsque vous vous apprêtez à tourner, pratiquez cet exercice à des endroits où il y a plus de distractions et où votre chiot aura envie de faire des découvertes. Arrêtez-vous et remettez-le en position si la laisse devient trop tendue et essayez de bouger à une cadence suffi-

samment rapide pour qu'il vous porte plus d'intérêt qu'aux autres activités qui se déroulent autour de lui. Si votre chiot s'intéresse aux distractions au point que vous soyez incapable d'obtenir son attention, éloignez-vous et essayez de nouveau en vous approchant seulement au moment où vous serez vraiment en pleine maîtrise de la situation.

PASSER DEVANT D'AUTRES CHIENS

Comme les autres chiens sont susceptibles de constituer de grandes distractions pour votre chiot, il est probable qu'il oubliera tout ce qu'il a appris pendant vos promenades en laisse et tirera fortement pour les rejoindre. Il s'agit d'un phénomène naturel. Pour surmonter ce problème, vous devrez lui apprendre à obéir lorsqu'il est en laisse et qu'il y a d'autres chiens à proximité.

Si vous avez des amis possédant des chiens, il serait utile de simuler différentes situations avec eux, car les chiens de vos amis seront plus contrôlables que ceux qui se promènent sans laisse. Gardez une certaine distance et apprenez à votre chiot à marcher correctement lorsque la laisse est relâchée. Au fur et à mesure qu'il améliorera son contrôle, rapprochez-vous graduellement de l'autre chien. Ne ménagez pas les encouragements et essayez de maintenir son intérêt pour

qu'une réaction d'obéissance lui semble davantage synonyme de récompense que s'occuper de l'autre chien.

Arrêtez-vous fréquemment et offrez à votre chiot des récompenses alléchantes s'il marche correctement en votre compagnie. S'il s'intéresse trop à l'autre chien et tire sur la laisse, arrêtez-vous, restez immobile et attendez que son niveau d'excitation ait baissé avant de lui faire reprendre la position, puis récompensez-le de marcher à vos côtés. Si vous n'êtes pas en mesure de retenir l'attention de votre chiot, éloignez-vous de l'autre chien et recommencez l'exercice.

Lorsque vous commencez à enseigner cet exercice à votre chiot, demandez aux autres propriétaires de garder leurs chiens en place. Lorsque vous serez plus expérimenté, demandez-leur de les laisser se promener. Lorsque votre chiot sera en mesure de marcher correctement lorsqu'il y a du jeu dans la laisse à proximité d'un autre chien qui joue et qui court, vous serez vraiment en bonne maîtrise de la situation.

LES CHIOTS ET LE BÉTAIL

Il pourrait être utile de familiariser votre chiot avec du bétail, et ce même si vous vivez en milieu urbain, car il est possible que vous déménagiez ou passiez des vacances en milieu rural. Profitez des rencontres avec le bétail pour enseigner à votre chiot comment marcher correctement lorsqu'il y a du bétail à proximité.

RÉCOMPENSES OCCASIONNELLES

Une fois que votre chiot marchera correctement avec une laisse relâchée, peu importe le lieu où vous vous rendez et ce qui se passe autour de vous, il sera temps de commencer à diminuer les friandises et à introduire les récompenses exceptionnelles (voir page 74). N'oubliez pas de garder les friandises pour les bonnes performances et les récompenses exceptionnelles pour les résultats exceptionnels afin que votre chiot ait tendance à bien se comporter le plus souvent possible.

Lorsque vous vous promenez dans la rue et que vous passez devant des gens, conservez l'attention du chiot sur vous. Une fois que vous les aurez dépassés, récompensez votre chiot comme il se doit pour être resté à vos côtés.

LE FAIRE MARCHER AVEC D'AUTRES PERSONNES

Ne soyez pas trop déçu si votre chiot marche habituellement sans problème lorsqu'il est en laisse, mais se comporte comme un chien non dressé lorsque vous commencez à marcher avec d'autres personnes. Marcher en compagnie d'autres chiens et d'autres gens, surtout des enfants, augmente le niveau d'excitation, et il est plus difficile pour votre animal de rester calme et de marcher normalement sans tirer sur la laisse.

Vous devez utiliser ces promenades comme séances de dressage et vous arrêter chaque fois que la laisse devient tendue, inciter votre chien à revenir vers vous et le récompenser lorsqu'il le fait. Comme l'exercice peut s'avérer ardu si vous essayez de suivre un groupe, il est préférable de faire l'exercice avec des amis, surtout pour l'apprentissage, et d'apprendre à votre chiot à marcher correctement avec d'autres personnes lorsque vous avez du temps pour faire ces promenades.

Le faire attendre pendant que le maître s'éloigne

Vous avez acquis les bases de cet exercice lors de l'étape précédente et il est temps de capitaliser sur ces connaissances. Une fois que vous aurez appris à votre chiot à ne pas bouger lorsque vous vous éloignez, vous pourrez passer à l'étape suivante et lui demander de vous attendre sans bouger, peu importe ce qui se passe autour de lui.

Maintenant que votre chiot a appris à attendre pendant qu'il est à vos côtés, l'étape suivante consiste à lui apprendre à ne pas bouger lorsque vous vous éloignez.

Une fois qu'il aura maîtrisé cet exercice de base, vous pourrez augmenter graduellement la distance jusqu'à ce que vous soyez en mesure de vous déplacer dans n'importe quel angle à proximité de votre chiot, vous éloigner davantage et lui demander de vous attendre pendant des périodes plus longues. S'il bouge pendant que vous êtes éloigné, revenez vers lui et remettez-le en position, puis éloignez-vous une fois de plus, revenez et récompensez-le.

Une fois que votre chiot ne s'inquiétera plus de vous voir vous éloigner lentement et bouger autour de lui, essayez de vous éloigner plus rapidement, et augmentez graduellement la vitesse et la distance jusqu'à ce qu'il soit capable de rester assis sans bouger lorsque vous vous éloignez.

1 Demandez à votre chiot de s'asseoir à vos côtés et obtenez son attention.

2 Demandez-lui d'attendre et faites un signal manuel.

3 Déplacez-vous lentement d'un pas sur le côté. Si votre chiot bouge, employez la laisse pour l'empêcher de trop s'éloigner et utilisez de la nourriture comme appât pour lui faire reprendre sa position. Ne lui donnez pas la friandise, mais éloignez-vous de lui une fois de plus.

RECOMMANDATIONS

• N'oubliez pas d'enseigner cet exercice à votre chiot lorsqu'il a fait suffisamment d'exercice et non lorsqu'il est plein d'énergie.

• Ne demandez jamais à votre chiot de vous attendre sans la laisse dans un endroit près de la circulation ou en vous écartant de son champ de vision.

• Si votre chiot bouge à plusieurs reprises pendant la séance, vous vous éloignez trop et trop rapidement et vous devrez revenir quelques étapes en arrière.

• Récompensez votre chiot pendant qu'il est en position assise plus souvent que lorsque vous l'appelez vers vous et qu'il est en position assise, sinon il risque de commencer à anticiper le moment où il sera libre de bouger et il deviendra très difficile de le faire obéir pour qu'il reste assis tranquillement.

« COUCHÉ »

Une fois que votre chiot aura appris à attendre en position assise lorsque vous vous éloignez, reprenez l'exercice, mais en lui demandant de rester couché. Vous devrez reprendre l'exercice depuis le début, mais cette fois vous devriez être en mesure de progresser plus rapidement, car votre chiot aura déjà une idée de ce que vous attendez de lui.

4 Récompensez-le pendant qu'il est dans cette position.

ÊTRE DE BON POIL

Dresser un chiot n'est pas toujours facile et peut s'avérer frustrant si vous ne parvenez pas à lui faire comprendre ce que vous voulez. Il faut beaucoup de patience. Si vous êtes fatigué ou de mauvaise humeur avant de commencer les exercices, vous risquez facilement de devenir frustré et mécontent.

Si vous vous fâchez pendant une séance de dressage, vous risquez de mêler et d'effrayer votre animal et peut-être de lui enlever le goût de participer à des séances ultérieures. Même si vous essayez de ne pas le faire voir, votre chiot captera les signaux de votre langage corporel ainsi que le ton de votre voix et ressentira la pression. Donc, si vous êtes fatigué ou stressé, il vaudrait mieux que vous vous reposiez et attendiez d'être plus en forme pour entreprendre une nouvelle séance de dressage.

Si vous êtes au milieu d'une séance de dressage et que vous sentez la mauvaise humeur vous gagner, demandez à votre chiot de faire quelque chose que vous le savez en mesure d'accomplir et récompensez-le comme il se doit afin que vous vous sentiez mieux tous les deux, puis mettez un terme à la séance.

Trouver un cours de dressage

Trouver un bon cours de dressage nécessite du temps et de l'énergie, mais l'effort en vaut le coup en raison de la qualité d'information que vous obtiendrez sur l'obéissance canine. Il y a un monde entre une bonne et une mauvaise école de dressage et cela peut faire une grande différence pour votre chiot et votre volonté de continuer à le dresser.

Dans un bon cours de dressage et de socialisation pour chiots, on vous prodiguera des conseils judicieux pour votre propre enseignement, vous apprenant divers savoir-faire et méthodes pour dresser votre chiot plus efficacement. On vous aidera également à résoudre les problèmes susceptibles de survenir tout au long de l'apprentissage du chiot. De plus, on fournira à votre petit compagnon l'occasion de rencontrer d'autres chiots, des enfants et des adultes, et d'être en contact avec eux. Comme il existe plusieurs niveaux de qualité de cours, vous devez être prudent dans votre sélection.

Limitez-vous aux écoles qui emploient des méthodes amicales dans un environnement convivial et qui privilégient un apprentissage facile. Évitez celles qui préconisent l'emploi de chaînes de sécurité ou l'usage de la force, et où la tendance est à l'humiliation ou au désordre. Demandez à vos amis, à votre famille ou au personnel de la clinique vétérinaire que vous fréquentez s'ils connaissent une bonne école et essayez de visiter les quelques écoles avec lesquelles vous communiquerez afin de choisir la meilleure. Au début, accompagnez votre chiot pour voir à quoi ressemble le dressage et évitez les écoles qui n'acceptent pas la présence des maîtres durant les cours.

UN APPRENTISSAGE STRUCTURÉ

Essayez de trouver un dresseur qui offre une série de cours selon un calendrier bien défini plutôt qu'un programme aléatoire auquel on peut participer en tout temps. Votre chiot profitera d'un cours structuré où il apprendra à connaître les autres participants, ce qui l'aidera à surmonter sa timidité et à se faire des compagnons. Demandez ce que le dresseur compte enseigner avant le début des cours pour que vos attentes correspondent au contenu du programme.

DES CLASSES APPROPRIÉES

Assurez-vous d'inscrire votre animal à un cours où les chiots sont tous du même âge. Ne soyez pas tenté d'inscrire un tout jeune chiot dans une classe où il y a plusieurs chiens adultes dans un espace limité, car l'expérience risquerait de traumatiser votre animal et de le rendre craintif. Optez plutôt pour un âge limite, par exemple une classe dans laquelle les chiots sont âgés tout au plus de vingt semaines, pour que votre animal ne soit pas intimidé par les autres participants.

LES ACTIONS CORRECTIVES

Si votre chiot présente des problèmes de comportement, vous devrez consulter quelqu'un qui a une connaissance approfondie du comportement canin. Cette personne devra avoir travaillé avec des chiens pendant de nombreuses années et acquis une expérience suffisante. Vous devrez vérifier attentivement son expérience professionnelle. Une recommandation de quelqu'un qui a déjà employé ses méthodes ou celle d'un vétérinaire s'avère souvent le meilleur moyen de trouver la bonne personne. Cette personne ne doit également ment employer que des méthodes efficaces et humaines ; il faut éviter à tout prix de confier votre animal à quelqu'un qui préconise des solutions rapides au moyen de mesures punitives.

SURVEILLER LES COMPORTEMENTS

Bien qu'il soit agréable de voir des chiots jouer ensemble, une atmosphère de laisser-aller où tous les chiots sont autorisés à jouer en groupe pendant de longs moments risque d'occasionner des problèmes de comportement de votre animal avec les autres chiens à l'âge adulte. Le jeu non surveillé et sans réglementation est susceptible d'instaurer chez certains chiots la crainte des autres et de leur apprendre rapidement à devenir agressifs pour éloigner les autres animaux. Il arrive aussi que des animaux qui jouent de façon rude ou qui mordent très fort apprennent à aimer le jeu robuste et à malmener les autres bêtes. En conséquence, il est important de trouver un cours dans lequel les chiots seront sélectionnés avec soin pour jouer en groupe, où seuls quelques chiots à la fois pourront se promener sans laisse et où le jeu fera l'objet d'une supervision et d'une surveillance de tous les instants.

Le faire marcher à vos côtés sans laisse

Maintenant que votre chiot s'est habitué à marcher à vos côtés où que vous soyez lorsqu'il est en laisse, il devrait être assez facile de lui enseigner à marcher à vos côtés sans laisse.

Comme vous n'avez plus besoin de laisse pour l'empêcher de s'éloigner de vous, essayez de prévoir à quel moment il commencera à se diriger vers une distraction et efforcez-vous de maintenir son intérêt lorsque ces occasions se présenteront. Récompensez-le comme il se doit lorsqu'il reste avec vous, même s'il a envie d'être ailleurs.

Continuez pendant plusieurs séances jusqu'à ce que votre chiot marche à vos côtés, même s'il se passe des choses intéressantes autour de vous. Commencez alors à lui donner des récompenses exceptionnelles aux moments où il s'y attend le moins.

1 Trouvez un endroit tranquille et sécuritaire pour effectuer cet exercice, là où l'attention de votre chiot ne sera détournée par aucune distraction. Obtenez son attention, montrez-lui que vous êtes en possession d'une récompense et demandez-lui de marcher à vos côtés.

2 Faites quelques pas avant de le récompenser. Comme cet exercice est pratiquement le même que celui de la promenade avec une laisse relâchée (voir page 68) mais sans laisse maintenant, votre chiot devrait l'apprendre facilement. Intégrez quelques virages dans l'exercice et marchez à différentes vitesses, mais assurez-vous d'obtenir l'attention de votre animal juste avant d'effectuer un mouvement différent pour qu'il puisse vous suivre. Quand l'exercice est terminé, faites en sorte qu'il le comprenne bien en le félicitant et en le laissant libre de ses mouvements. Augmentez petit à petit le niveau de difficulté de l'exercice en y introduisant des distractions, puis en vous rapprochant des objets qui sont susceptibles de lui faire perdre sa concentration.

DES CHIOTS BIEN DRESSÉS

Si vous complétez tous les exercices proposés dans ce guide, votre chiot sera beaucoup mieux dressé que la plupart des chiens domestiques. Si vous parvenez à ce niveau d'apprentissage, il vous sera possible d'emmener votre animal à peu près partout. Comme il sera bien élevé et obéissant, il dérangera moins les gens qui ne raffolent pas des chiens et il sera en mesure de vous suivre un peu partout, en plus de connaître une existence heureuse et plus active.

L'apprentissage décrit dans ce guide vous donnera une excellente base si vous désirez pousser le dressage plus loin. Vous voudrez peut-être essayer quelques sports auxquels les chiens sont capables de participer, par exemple des sauts d'obstacles, des compétitions d'obéissance, d'adresse ou de ballon, des danses de chien ou un type de course à pied appelé « canicross ». Plusieurs de ces activités comprennent des sauts et ne peuvent être tentées si votre chiot a moins de dix-huit mois. Si vous parvenez à bien apprendre à votre chiot les exercices de base décrits dans ce guide, ce sera un excellent tremplin pour lui enseigner d'autres activités et il sera en mesure d'assimiler de nouvelles disciplines avec aisance.

Bien qu'il soit possible d'enseigner de nouveaux trucs à des chiens plus âgés, les connaissances acquises lorsque le chiot est très jeune sont assimilées pour la vie, et il est beaucoup plus facile et rapide d'apprendre quelque chose à un animal très jeune et réceptif.

APPRENDRE DES MOTS À VOTRE CHIOT

Beaucoup de chiens domestiques ne sont pas bien dressés, avec pour résultat que leurs propriétaires sont souvent frustrés de leur comportement et les punissent lorsqu'ils n'obéissent pas, même si le chien ne comprend pas exactement ce qui lui est demandé. Les chiens apprennent à évaluer notre humeur en observant notre langage corporel et en mesurant notre ton de voix, ce qui fait présumer à certaines personnes que les chiens sont également en mesure de comprendre une bonne partie de notre langage parlé. Toutefois, ils sont incapables d'apprendre notre vocabulaire et sont uniquement en mesure de comprendre la signification de quelques mots qui leur ont été patiemment appris. C'est pourquoi les exercices présentés dans ce guide ont été conçus pour enseigner aux chiots tous les mots nécessaires pour leur faciliter la vie dans leurs rapports avec les humains.

Le faire attendre lorsqu'il y a des distractions

Maintenant que votre chiot a appris à vous attendre sans bouger lorsque vous vous déplacez autour de lui dans un endroit calme, il est temps de lui enseigner à rester tranquille lorsqu'il se passe des choses intéressantes autour de lui, qu'il préférerait aller voir de plus près.

Commencez cette séquence à une certaine distance d'une chose qui l'intéresse et employez une laisse ordinaire ou longue pour l'empêcher de s'enfuir en courant au cas où il ne résisterait pas à la tentation.

Travaillez avec lui méthodiquement et apprenez-lui à rester sagement en place, peu importe ce qui se passe et en vous rapprochant de plus en plus du point d'intérêt.

Augmentez graduellement la capacité de votre chiot à rester assis sans bouger lorsqu'il aurait envie de faire autre chose et offrez-lui des récompenses qui en valent la peine pour le remercier de son obéissance, puis relâchez-le pour qu'il aille jouer et satisfaire sa curiosité une fois qu'il aura été sage pendant une courte période.

Si votre chiot trouve les distractions trop excitantes, répétez le même exercice plus loin ou trouvez un endroit où il se passe moins de choses susceptibles d'éveiller son intérêt. Jouez plus longtemps avec lui avant de faire l'exercice pour qu'il soit content de se reposer.

PRUDENCE

Ne laissez jamais votre chiot attendre à un endroit où il risque d'être blessé, par exemple près d'une route ou à l'extérieur d'une boutique, s'il décide de se lever et de s'éloigner.

ÉTAPE SUIVANTE

Si vous désirez pousser plus loin cet exercice d'attente, apprenez à votre chiot à vous attendre sans bouger
lorsque vous êtes hors de son champ de vision. Commencez par pratiquer cet exercice à la maison en
demandant à votre animal de vous attendre pendant
que vous entrez dans une autre pièce. Revenez directement vers lui et offrez-lui une bonne récompense.
Prolongez graduellement la durée de l'attente et répétez l'exercice dans différentes pièces de la maison
ainsi que dans le jardin ou au parc. N'essayez pas cet
exercice avec des chiots très jeunes ou timides, car ils
ne seraient peut-être pas assez confiants pour demeurer seuls dans une pièce sans votre présence.

Une fois que le chiot sera fiable, vous pourrez transposer cette leçon
dans des situations réelles, par exemple attendre dans la voiture.
Lorsque vous ouvrez la porte, vous devez faire signe à votre animal
d'attendre. Donnez-lui un autre signal lorsque vous voulez lui
signifier qu'il lui est maintenant permis de sortir de la voiture.

RECOMMANDATIONS

• Livrez-vous à un jeu excitant avant d'entreprendre
l'exercice pour que votre chiot ait plus de facilité à rester
tranquille.

• Ne demandez pas à votre chiot d'attendre trop longtemps, du moins au début ; augmentez graduellement la
période d'attente.

• N'oubliez pas de vous limiter à un seul commandement
vocal et de vous assurer que le chiot le comprenne et y
obéisse. Ne prenez pas l'habitude de répéter constamment le commandement vocal ou un signal manuel pour
que votre chiot reste en place. S'il ne peut s'empêcher de
bouger, recommencez l'exercice à un autre endroit où il
n'aura pas de distractions et revenez aux premières
leçons jusqu'à ce qu'il devienne plus obéissant.

QUEL EST LE NIVEAU DE DRESSAGE REQUIS ?

Pour que votre chiot obéisse fidèlement à vos demandes, il doit bien les comprendre et savoir en quoi con-
sistent les récompenses auxquelles il aura droit et
quel est leur intérêt par rapport aux autres possibilités
qui s'offrent à lui, peu importe ce qui l'occupe.

C'est au moyen d'exercices réguliers et réussis,
exécutés plusieurs fois par jour pendant une période
de six semaines, que votre chiot apprendra la signification des mots et des signaux. Vous devrez alors
répéter ces exercices dans différents contextes et dans
des lieux comportant des distractions, et ce pour une
autre période de six semaines afin que votre chiot
apprenne à obéir régulièrement.

Comme vous lui enseignez tous ces exercices sans
vous attarder sur un seul, la période de dressage
nécessaire pour que votre chiot apprenne tous les
mots et les signaux devrait occuper la première année
de sa vie.

Les tours

Les tours d'adresse constituent un bon moyen de tester votre compréhension du dressage basé sur les récompenses et d'offrir à votre chiot des moyens amusants pour exercer son esprit.

Les tours d'adresse peuvent être utiles ou simplement amusants. Trouvez un moyen d'inciter votre animal à adopter le comportement que vous désirez afin de récompenser cette action. Une fois que votre chiot fera ce que vous lui demandez à tout coup, changez d'endroit et recommencez l'exercice. Faites-lui faire le tour d'adresse à partir d'un signal manuel, puis d'un commandement vocal, et récompensez-le sans qu'il s'y attende en gardant les friandises exceptionnelles pour ses meilleures performances.

IMPORTANT
N'enseignez jamais à votre chiot un tour humiliant ou dangereux.

LE SALUT
Le salut est un tour facile à enseigner et un excellent point de départ avant d'entreprendre des exercices plus complexes.

1 Commencez par tenir une friandise savoureuse à proximité de la patte de votre chiot. Ne cédez à aucune de ses tentatives de lécher et de mâchonner la friandise que vous tenez entre vos doigts et attendez qu'il tente de s'en emparer avec sa patte. Dès que sa patte entre en contact avec votre main, donnez-lui la récompense. Répétez cet exercice plusieurs fois sur plusieurs séances jusqu'à ce que votre chiot donne un coup de patte sur votre main pour avoir la friandise. Une fois que votre chiot se sera habitué à lever la patte pour demander sa récompense, ajoutez le commandement vocal « salut » juste avant de lui offrir la friandise.

2 Commencez graduellement à soulever la friandise plus haut. Attendez que votre chiot lève sa patte avant de la lui offrir la récompense et n'oubliez pas de la lui remettre immédiatement lorsqu'il exécutera le geste voulu. Il est important de ne pas oublier d'ajouter le commandement vocal juste avant de lui donner la récompense.

RECOMMANDATIONS

• Choisissez quelque chose que votre chiot fait naturellement (par exemple, poser ses pattes sur des objets).

• Récompensez ses tentatives, même modestes.

• Commencez par un tour facile et attaquez-vous
progressivement à des tours plus complexes.

3 Continuez de soulever graduellement la friandise jusqu'à ce que votre chiot soit content de lever sa patte jusqu'à la hauteur de sa tête. Une fois qu'il aura accompli ce geste à quelques reprises, essayez de tenir la friandise au-dessus de sa tête et demandez-lui de vous adresser un « salut ». Il sera alors plus difficile pour votre animal d'effectuer l'action demandée, car il ne sera plus capable de toucher votre main avec sa patte. Vous devez donc lui accorder quelques instants et attendre. S'il n'essaie pas de saluer, abaissez votre main au niveau de son museau, récompensez le lever de sa patte, puis essayez une autre fois jusqu'à ce qu'il comprenne ce que vous lui demandez. Ignorez tout saut et repositionnez-le au besoin.

4 Tôt ou tard, votre chiot fera un salut lorsque vous tiendrez la récompense et adresserez le commandement vocal. Si vous le désirez, diminuez le recours au signal manuel jusqu'à ce que votre chiot salue lorsque vous le lui demandez.

ROULER AU SOL

Rouler au sol ou la roulade est un tour d'adresse utile à apprendre qui facilitera l'examen des parties inférieures du corps de votre chiot.

1 Avant d'essayer ce tour, assurez-vous que votre chiot répond avec fiabilité au commandement « couché ». Une fois l'animal en position couchée, attirez sa tête vers le côté en tenant une friandise contre son museau. Essayez de placer votre main dans la position illustrée ci-dessus pour qu'il soit plus facile de la déplacer plus loin éventuellement. Donnez-lui la récompense pendant qu'il est dans cette position à plusieurs reprises avant de passer à l'étape suivante.

2 En vous déplaçant très lentement, amenez la tête de votre chiot plus loin vers le côté. Vous devez bouger la main très lentement pour que l'animal ait le temps de se détendre. Si vous trouvez difficile de maintenir son attention, employez une friandise de grand format et laissez-le en mâchonner de petits morceaux pour conserver son intérêt. Au fur et à mesure qu'il se détendra, il devrait commencer à se laisser tomber sur le côté en tournant la tête. Donnez-lui la récompense et répétez la leçon à plusieurs reprises pendant de multiples séances. Commencez à ajouter le commandement vocal « roule » juste avant de lui demander de rouler sur le côté.

3 Une fois qu'il sera habitué à se coucher sur le côté, attirez sa tête lentement pour qu'il commence à se tourner à l'envers. Récompensez-le comme il se doit en lui offrant la friandise et en le félicitant dès qu'il se couche sur le dos. N'oubliez pas de lui adresser le commandement vocal avant de lui demander de rouler sur le dos.

PERSÉVÉREZ

Si votre chiot ne fait pas ce que vous attendez de lui, arrêtez-vous et pensez à la façon dont vous pourriez procéder.

Fractionnez ce tour d'adresse en petites étapes et répétez chacune d'entre elles avec votre chiot avant de les regrouper. Essayez de penser à la meilleure position dans laquelle placer votre appât pour encourager votre animal à obéir à chacune des étapes.

4 Lorsqu'il sera habitué à rouler sur le dos, attirez sa tête pour qu'elle roule vers l'autre côté.

RECOMMANDATIONS

• Si votre chiot se lève, demandez-lui patiemment de se coucher une fois de plus et bougez la main plus lentement en plaçant la récompense dans une position qui fera penser à l'animal qu'il n'a pas besoin de se lever pour l'atteindre.

• Vous constaterez peut-être que les chiots à la fourrure mince ou au dos osseux roulent plus facilement sur un tapis souple que sur un plancher rigide.

• La roulade est une position vulnérable et votre chiot pourrait hésiter à l'adopter s'il ne se sent pas complètement en sécurité. Répétez-la à la maison lorsqu'il n'y pas d'autre chien présent ni d'enfants, et ne lui demandez d'adopter cette position que dans des endroits où il se sent en sécurité.

• Les chiens qui ont des poitrines larges sont susceptibles de trouver difficile d'adopter une position couchée sur le dos, car ils sont naturellement portés à basculer d'un côté. Ils seront donc plus réticents à tenter cet exercice s'ils ont l'impression que leur corps bouge sans qu'ils en aient le contrôle. Si votre chien a ce type de physionomie, aidez-le en le plaçant sur un coussin mou et épais qui lui assurera un soutien avant de procéder à l'exercice.

5 Continuez jusqu'à ce que votre animal ait roulé complètement sur lui-même et récompensez-le comme il se doit.

FRACTIONNEZ EN ÉTAPES

Fractionnez les tours d'adresse longs ou difficiles en plusieurs petites étapes.

Si vous fractionnez les tours d'adresse en étapes, commencez par enseigner la dernière étape en premier et répétez-la jusqu'à ce que votre chiot soit capable de bien l'exécuter. Continuez en lui apprenant l'étape précédente, puis regroupez-la avec l'étape qu'il a apprise en premier, de sorte que votre animal puisse enchaîner avec quelque chose qu'il maîtrise déjà bien.

MARCHER À TRAVERS UN CERCEAU

Marcher à travers un cerceau prépare à des tours d'adresse plus difficiles qui comprennent des sauts. Il s'agit d'un tour approprié à pratiquer avec votre chiot s'il est encore trop jeune pour essayer des trucs plus compliqués.

RECOMMANDATIONS

• Visez la réussite. Si votre chiot prend l'habitude de passer à travers le cerceau pour aller chercher la friandise, c'est ce qu'il essaiera de faire à tout coup. Ne placez jamais le cerceau de façon à ce que le chiot soit capable de courir autour avant d'être attiré vers son centre, sinon il deviendra confus ou perdra tout intérêt.

1 Placez votre chiot pour qu'il se trouve du côté opposé à celui de la main qui tient la récompense. (L'exercice sera plus simple si vous trouvez quelqu'un qui accepte de tenir le cerceau pour vous.)

2 Attirez votre chiot pour qu'il traverse le cerceau et récompensez-le en lui donnant la friandise et en le félicitant une fois qu'il se sera engagé dans le cerceau.

3 Une fois qu'il acceptera de passer à travers le cerceau de bon gré, placez-le à une plus grande distance (demandez-lui de s'asseoir et de rester en place ou demandez à quelqu'un de le tenir). Ensuite, appelez-le pour qu'il passe à travers le cerceau.

MISE EN GARDE

Avant l'âge de dix-huit mois, les os, les articulations et les tendons des chiots sont encore en formation et le risque de blessure est important. C'est pourquoi il est important de ne pas demander à votre chiot de sauter avant qu'il n'ait complété son développement.

Plus tard, lorsque votre chiot sera mature et que ses os et ses articulations seront complètement formés, vous pourrez soulever le cerceau de façon à ce qu'il apprenne à sauter à travers. Soulevez-le lentement au début pour qu'il soit encore capable de s'y engager, puis augmentez l'excitation, le niveau d'activité et la hauteur du cerceau jusqu'à ce qu'il saute à travers.

MARCHER À RECULONS

Apprendre à marcher à reculons est un exercice très utile pour un chiot. Essayez-le lorsqu'il tourne autour de vous ou qu'il se trouve dans un espace restreint où il doit se déplacer à reculons.

RECOMMANDATION

• Gardez votre main et son mouvement très droits pour qu'il recule en ligne droite. Si votre chiot se déplace en courbe, remettez-le en position, bougez la main plus lentement et faites une nouvelle tentative.

1 Commencez par tenir la friandise contre le museau de votre chiot et abaissez votre main sous son menton.

2 Déplacez délicatement la récompense vers l'arrière (ne poussez pas votre chiot ; placez la friandise pour qu'il soit obligé de la suivre). Une fois qu'une de ses pattes aura reculé, récompensez-le immédiatement avec la friandise et félicitez-le.

Quand il commencera à comprendre l'exercice, attendez qu'il ait reculé de plus d'un pas avant de lui donner sa récompense. Adressez-lui le commandement vocal juste avant de provoquer l'action et continuez à répéter l'exercice de la façon habituelle jusqu'à ce qu'il recule à l'appel du commandement vocal et s'arrête quand vous le lui ordonnez.

« VA... »

Le commandement « va » peut s'avérer un tour amusant, qui fera jouer à votre chiot le rôle de messager pour les membres de la famille. Récompensez-le bien et il apprendra vite à aimer ses « nouvelles tâches ».

1 Tenez votre chiot par le collier et demandez à votre assistant de montrer à l'animal qu'il est en possession d'une récompense.

2 Demandez à votre assistant de reculer, pointez dans sa direction et dites « va... », puis relâchez votre chiot.

3 Votre assistant doit bien récompenser votre chiot au moyen d'une friandise et le féliciter lorsqu'il va vers lui.

Recommencez l'exercice quelques fois, puis demandez à votre assistant de disparaître du champ de vision de votre chiot et demandez à celui-ci de le retrouver. Répétez l'exercice pendant plusieurs séances à différents endroits jusqu'à ce que votre chiot accoure avec joie vers la personne vers qui vous lui demandez de se diriger, où qu'elle se trouve dans la maison.

Une fois que votre chiot sera capable de retrouver la personne dont vous lui avez donné le nom, répétez l'exercice avec une autre personne jusqu'à ce qu'il comprenne la différence entre les deux noms (c'est un exercice difficile pour un chiot et vous devrez le répéter très souvent). Assurez-vous que seule la personne dont vous avez annoncé le nom récompense le chiot pour qu'il apprenne à essayer de trouver la bonne personne. Si vous apprenez efficacement ce tour d'adresse à votre chiot et qu'il apprend les noms des personnes avec qui il vit, il sera en mesure de jouer au messager en transportant des notes dans son collier. Veillez à ce qu'il soit toujours bien récompensé pour ses efforts afin de conserver son enthousiasme.

« FERME LA PORTE »

Comme il s'agit d'un tour d'adresse assez difficile, vous devrez préconiser la tenue de courtes séances et réviser ce que vous avez appris à votre chiot à la fin de chacune des séances. S'il le faut, adaptez l'apprentissage.

1 Apprenez à votre chiot à toucher un bâton cible avec son museau. Ce bâton cible peut être n'importe quel objet pourvu d'un manche et d'une extrémité. Gardez-le caché, puis présentez-le à votre chiot.

2 Il reniflera le nouvel objet et dès qu'il en touchera l'extrémité avec son museau, retirez-le et donnez-lui sans tarder une récompense tout en le félicitant avec enthousiasme. Répétez cet exercice pendant plusieurs séances jusqu'à ce qu'il coure pour toucher le bâton cible avec son museau, peu importe le lieu où l'objet est placé.

3 Demandez à votre chiot d'attendre à proximité de la porte, puis présentez un bâton cible et placez-le à la hauteur de son museau contre la porte. Récompensez bien votre animal lorsqu'il aura touché l'objet avec son museau. Continuez de répéter l'exercice jusqu'à ce que votre chiot l'exécute correctement de façon régulière, puis commencez à lui adresser le commandement vocal « ferme la porte » juste avant de lui présenter l'objet. Ensuite, ouvrez un peu la porte et répétez l'exercice. Une fois qu'il exécutera cet exercice de façon adéquate, excitez-le avant de lui présenter l'objet pour qu'il se précipite vers l'avant, ce qui lui fera pousser la porte. Récompensez-le comme il se doit au moment où la porte se fermera.

Au fil du temps, ouvrez la porte plus largement et récompensez des poussées plus fortes. Retirez le bâton cible et contentez-vous du commandement vocal. Attendez de voir s'il comprend et aidez-le avec l'objet si nécessaire. Tôt ou tard, vous devriez être capable de lui demander d'exécuter cet exercice à distance et de revenir vers vous chercher sa récompense.

« RAPPORTE »

Cet exercice, qui est à la base de nombreux tours d'adresse et d'un dressage plus avancé, ne devrait en aucun cas être enseigné à la hâte ou en forçant l'animal. La plupart des chiots ont tendance à rapporter naturellement des objets et il suffit de profiter de leur désir instinctif de tenir et de posséder des objets. Il est important de ne pas frustrer l'animal en lui apprenant cet exercice, car toutes ses associations avec des jouets, des objets et vous devraient être synonymes de plaisir.

Souvenez-vous que le contrôle a pour effet de diminuer l'enthousiasme. Faites en sorte qu'il soit d'abord excité à l'idée de rapporter un objet avant de vous montrer trop contrôlant dans le but qu'il le rapporte à tout prix. Il sera toujours temps d'être contrôlant plus tard.

1 Excitez votre chiot au maximum en l'agaçant au moyen de son jouet préféré pendant une courte période.

2 Faites rouler le jouet par terre afin d'encourager votre chiot à le suivre en disant « va chercher » sur un ton enjoué.

3 Tenez-vous à l'endroit où vous pensez que votre chiot va revenir et incitez-le à revenir vers vous une fois qu'il aura ramassé l'objet.

RECOMMANDATIONS

• Ne prolongez jamais le jeu jusqu'à ce que votre animal soit épuisé. Lancez le jouet à quelques reprises, puis changez de jeu.

• Ne lancez pas le jouet trop loin tant que votre chiot sera jeune pour ne pas trop le fatiguer ou mettre trop de pression sur ses articulations en croissance.

• Avant d'essayer cet exercice, il faut que votre chiot soit très intéressé par les jouets. Si ce n'est pas le cas, consultez l'étape no 1 qui vous suggère des moyens de développer cet intérêt.

• Si votre chiot essaie de vous éviter parce que vous lui avez déjà retiré ses jouets dans le passé, attachez une laisse à son collier et employez-la pour lui faire comprendre que vous ne lui enlèverez pas son jouet s'il revient vers vous.

• Si votre chiot préfère les jeux de traction ou de souque à la corde à la poursuite, encouragez-le à revenir vers vous, et au lieu de prendre son jouet, jouez à ce jeu avec lui au lieu de le récompenser d'être revenu. Lorsque vous voudrez qu'il relâche le jouet, tenez-le fermement contre vous pour qu'il soit incapable de tirer, jusqu'à ce qu'il cède.

• Si votre chiot se couche par terre à bonne distance de vous plutôt que d'aller vers vous, installez-vous à cet endroit la prochaine fois pour qu'il revienne vers vous de toute façon.

• Si votre chiot court après le jouet mais ne le ramasse pas, choisissez un jouet plus souple et plus léger dans lequel il pourra mordre plus facilement.

4 Félicitez-le et dites-lui à quel point il est un bon chien lorsqu'il reviendra. NE LUI ENLEVEZ PAS son jouet tout de suite ou il commencera à refuser de revenir vers vous. Optez plutôt pour la méthode douce, caressez son corps et dites-lui à quel point vous êtes content de lui. Lorsqu'il commencera à tenir le jouet du bout des lèvres et semblera sur le point de l'échapper, reprenez-le délicatement dans sa gueule et tenez-le fermement contre vous pour ne pas que l'exercice se transforme en séance de souque à la corde, puis reprenez l'exercice au complet.

AUTRES EXERCICES DE RÉCUPÉRATION D'OBJETS
Une fois que votre chiot sera capable d'effectuer cet exercice, apprenez-lui à récupérer toutes sortes de choses comme :
• apporter les pantoufles,
• apporter le courrier,
• apporter le journal,
• rapporter une balle.

Continuez de répéter à différents endroits avec divers objets et plus tard avec des objets fixes jusqu'à ce qu'il apprenne que le commandement « rapporte » signifie qu'il doit ramasser l'objet et le rapporter.

TROUVER UN JOUET CACHÉ

Une fois que votre chiot aura appris à aimer rapporter des
jouets, il sera possible de lui enseigner à découvrir des objets
cachés. Quand il aura assimilé cette leçon, il vous sera loisible
de l'envoyer chercher des objets cachés un peu partout dans la
maison ; cette activité le tiendra occupé pendant un bon
moment et lui permettra de dépenser son énergie mentale.

COMMANDEMENTS VOCAUX

Commencez à adresser le commandement vocal une fois que votre
chiot exécutera de façon répétée une
partie de l'action demandée. Dites
le mot juste avant de mettre l'appât
alimentaire en place pour que votre
animal s'habitue à associer le mot
avec cette action.

1 Laissez votre chiot observer quelqu'un cacher
son jouet préféré sous une couverture. Au début, ne
recouvrez pas tout le jouet pour qu'il soit capable de
le voir.

2 Montrez-lui l'objet du doigt,
demandez-lui de le trouver et de
le rapporter.

• Surveillez-le pour être bien certain qu'il est parvenu à trouver l'objet et si vous croyez qu'il a trop de difficulté à le trouver, donnez-lui un coup de main. Lorsqu'il aura parfait son apprentissage et développé ses aptitudes, vous n'aurez plus besoin de l'aider, mais vous devrez vous assurer qu'il parvient toujours à trouver l'objet qu'il cherche.

• Si votre chiot est plus intéressé par la nourriture que par les jouets, cachez-en un qui contient de la nourriture pour que sa découverte soit plus intéressante.

3 Récompensez-le bien et jouez brièvement avec lui lorsqu'il rapporte le jouet.

4 Après plusieurs répétitions, cachez le jouet entièrement sous la couverture pour l'obliger à chercher.

5 S'il parvient à trouver l'objet, récompensez-le en jouant avec lui avec le jouet qu'il a retrouvé.

Une fois qu'il aura bien compris l'exercice, vous pourrez augmenter le niveau de difficulté et cacher des objets à divers endroits, et même dans différentes pièces de la maison. Revenez toujours à la base lorsque vous lui apprenez comment trouver un jouet à un nouvel endroit et faites en sorte qu'il le trouve facilement. Si vous voulez lui apprendre à être vraiment perspicace, apprenez-lui les noms des différents jouets et faites-lui chercher chacun d'entre eux à tour de rôle.

L'adolescence

Comme chez les enfants, l'adolescence du chiot peut s'avérer une période pendant laquelle tous vos efforts passés semblent vains. Toutefois, à l'instar des adolescents, les chiots vieillissent et deviennent adultes. Il est bon de savoir à quoi s'attendre et que cette étape difficile n'est qu'une période éphémère dans la vie de votre animal.

Les chiots atteignent la maturité à différents âges. De façon générale, les chiens de petite taille vieillissent plus rapidement et sont habituellement adultes vers l'âge de douze mois. Les chiens de plus grande taille mettent plus de temps, certains prenant de dix-huit à vingt-quatre mois avant d'arriver à l'âge adulte.

Cela signifie que les chiots atteignent la puberté à des âges différents. À la puberté, les hormones sexuelles commencent à être sécrétées et la capacité d'attention est détournée vers le monde extérieur. De plus, les chiens augmentent leur confiance en eux-mêmes et sont portés à être plus curieux, préférant s'aventurer plus loin de leur territoire immédiat s'ils en ont l'occasion. Les chiots des races de plus petites tailles parviennent généralement à la puberté vers l'âge de cinq à six mois, alors que pour les races de plus grande taille, la moyenne est de sept mois à un an.

Avant la puberté, le chiot se fie à son maître pour combler ses besoins et le protéger. Par conséquent, un jeune chiot passera plus de temps à renforcer le lien avec son maître et sera plus éveillé et docile.

ILS SONT TERRIBLES, CES ADOS !

Lorsqu'un chiot atteint l'âge de la puberté, son attention commence à se détourner vers le vaste monde qui l'entoure et à délaisser celui de ses maîtres. Ce comportement s'avère potentiellement frustrant pour les maîtres qui, jusque-là, représentaient le centre de l'univers pour leur animal. Au cours de cette période, les problèmes d'attention et de rappel sont fréquents, car il devient plus difficile de détourner l'attention de votre chiot de distractions comme des odeurs au sol et d'autres chiens.

Il est important d'être conscient que l'adolescence est un passage obligé difficile, mais transitoire et éphémère, que tous les chiots, comme les enfants, doivent vivre. Heureusement, une fois que les chiots deviennent de jeunes adultes, leur comportement s'améliore et redevient normal lorsqu'ils parviennent à maturité.

Si vous avez commencé à dresser votre chiot quand il était jeune, vous lui avez probablement déjà donné tous les outils pour qu'il soit bien élevé. Vous devez maintenant accepter que les six prochains mois ne soient pas de tout repos.

Continuez la formation et, si nécessaire, employez une longue laisse pour l'empêcher de s'éloigner et attendez patiemment que l'adolescence se passe. Essayez de ne pas faire de demandes à moins d'être certain que votre chiot collaborera. Cette période finira par passer et comme vous avez poursuivi l'apprentissage, votre animal redeviendra obéissant et de compagnie agréable.

IL FAUT COMMENCER JEUNE

Si vous avez fait l'acquisition d'un chiot adolescent ou que vous n'avez pas commencé le dressage plus tôt, il n'est pas trop tard. Toutefois, l'apprentissage sera plus difficile que pour un tout jeune chiot et vous devrez redoubler d'ardeur pour maintenir son attention. Commencez par lui faire faire des exercices à la maison, là où il y a moins de distractions, et employez une longue laisse pour vous assurer de sa collaboration lorsque vous êtes à l'extérieur. Au départ, il faut tenir pour acquis que les chiots adolescents sont difficiles à dresser, car cette attitude vous permettra d'être plus patient et de ne pas être frustré lorsqu'il n'obéira pas à vos commandements.

L'INDÉPENDANCE

Les chiots adolescents aiment explorer et sont susceptibles de s'aventurer hors du jardin, à moins que celui-ci ne soit bien clôturé. Si vous l'enfermez dans la maison, votre animal risque de mâchonner beaucoup plus pour explorer son environnement, et même de gruger des objets auxquels il ne s'intéressait pas auparavant. Pour compenser ce comportement, essayez de lui offrir le plus d'occasions possible de faire de l'exercice sans laisse en le promenant dans de nouveaux endroits et beaucoup de stimulation en explorant divers lieux. Et lorsqu'il est à la maison, donnez-lui plusieurs objets différents à mâchonner et à découvrir, et changez souvent d'objets pour le tenir occupé et réduire les possibilités de gruger des objets auxquels il ne devrait pas toucher.

Félicitations !

Si vous avez complété le programme de dressage de ce guide, votre chiot est désormais en mesure de comprendre tous les commandements de base et prêt à entreprendre une existence heureuse avec votre animal domestique.

Même s'il y avait beaucoup d'exercices à réussir, si vous avez complété ce cours, votre chiot sera sûrement mieux dressé que la plupart des chiens et plus agréable à vivre. Comme il s'agit d'une méthode amusante, tant pour vous que pour votre animal, il vous a été possible d'intégrer de courtes séances dans votre horaire quotidien pour que votre chiot s'améliore graduellement au fil du temps jusqu'à ce qu'il devienne adulte.

Les chiots retiennent mieux les leçons apprises à un jeune âge. Ainsi, vous aurez inculqué à votre chien des bonnes habitudes qu'il conservera le reste de sa vie. Toutefois, il est important pour les chiens, comme pour les gens, de leur rappeler leurs leçons de temps à autre. Si vous continuez de lui organiser de courtes séances de perfectionnement tout au long de sa vie, il continuera de vous obéir. Comme vous avez éveillé son esprit lorsqu'il était jeune, il sera disposé à apprendre et appréciera les leçons, car vous vous serez habitué à utiliser une méthode positive ; tout nouvel enseignement devrait s'avérer agréable, tant pour vous que pour votre animal.

1ère étape Les premières leçons
Développer une bonne relation, fixer des limites et commencer au moment où vous vous sentiez prêt vous aura permis d'obtenir de meilleures chances de réussite pour les exercices des chapitres suivants.

2e étape Le dressage positif
Le dressage basé sur la récompense permet d'enseigner des exercices importants comme revenir sur appel. Les premiers apprentissages comportaient aussi la relation avec différentes personnes et d'autres chiens, en plus de l'apprentissage à rester seul et à voyager en voiture.

3e étape Les exercices essentiels
Parmi les leçons importantes pour votre chiot, cette étape comportait d'apprendre à s'asseoir, à rester debout et à se coucher sur demande, à revenir vers vous en cours de promenade, à accueillir les gens sans leur sauter dessus, s'habituer à être touché et à ne pas devenir possessif envers sa nourriture, ses objets à mâchonner et ses os.

4ᵉ étape Les bonnes pratiques Le dressage s'est poursuivi par l'enseignement des signaux manuels pour aider votre chiot à faire la transition entre le geste qui l'attire et le commandement vocal, ainsi que par l'apprentissage de la marche avec une laisse relâchée ; votre chiot s'est aussi habitué à être touché par des étrangers et a appris à composer avec la frustration.

5ᵉ étape Leçons complémentaires 1 Votre chiot a été progressivement présenté à des humains dont l'apparence est différente et il a appris à se faire examiner par des étrangers en préparation à une visite chez le vétérinaire. Au moment où votre chiot a commencé à apprendre ce que vous lui demandiez, vous avez introduit les récompenses occasionnelles et les récompenses exceptionnelles pour accroître son obéissance.

6ᵉ étape Leçons complémentaires 2 À cette étape, vous avez appris à votre chiot à obéir aux commandements vocaux seuls, ainsi qu'à attendre, à revenir lorsque vous l'appelez même quand il aimerait mieux faire autre chose, et à marcher avec une laisse relâchée lorsqu'il y a des éléments susceptibles de le distraire.

7ᵉ étape Le dressage avancé Finalement, vous avez appris des tours d'adresse à votre chiot, de façon à obtenir plus de plaisir, ainsi qu'à marcher à vos côtés sans laisse.

AVEZ-VOUS TERMINÉ LE COURS ?
• Votre chiot marche-t-il à vos côtés sans laisse à des endroits où il y a plusieurs activités susceptibles de l'intéresser ?

• Votre chiot vous attend-t-il sagement lorsque vous l'attendez, même s'il se passe des choses intéressantes autour de lui ?

• Votre chiot est-il capable d'exécuter un tour d'adresse simple ?

Le dressage positif permet de développer une relation harmonieuse entre vous et votre animal qui durera toute la vie. Ce guide vous a communiqué les techniques et les connaissances requises pour bien y parvenir. Toutefois, le niveau d'apprentissage de votre chiot et son bon comportement dépendent de vous. De l'avoir dressé pendant qu'il était tout jeune à un niveau suffisant pour qu'il soit le bienvenu partout signifie que vous vivrez une excellente relation commune et qu'il sera un animal d'agréable compagnie tout au long de sa vie.

Index

REMERCIEMENTS

Remerciements de l'auteur
Tout d'abord, je remercie John Rogerson, qui m'a prodigué une solide connaissance du comportement et du dressage canins, qui me sert encore de base aujourd'hui, et Tony Orchard, qui m'a donné d'innombrables et précieux conseils sur le dressage. Merci également à Kay et David Key ainsi qu'à leurs petits jappeurs et à leurs chats, qui m'ont fourni les lieux et les encouragements nécessaires pour mener à bien la rédaction de ce guide. Merci à Trevor Davies d'Hamlyn qui a accepté de le publier et à Helen Cleary pour son formidable travail de regroupement de maîtres et de chiots à prendre en photo.

Je tiens aussi à remercier John et Lea Hoerner pour leur soutien inébranlable et leurs conseils judicieux tout au long du montage, et tout simplement pour avoir été présents. Les conseillers que j'ai réunis pour ce livre ont accompli un travail exceptionnel et m'ont appris davantage qu'ils le croient. Grâce à eux, j'ai réussi à écrire un guide plus intéressant.

Pour terminer, je n'aurais jamais pu écrire ce guide et espérer qu'il soit intéressant sans la précieuse collaboration des nombreux chiens et maîtres avec lesquels j'ai pratiqué les exercices, y compris mes propres chiens Winnie, Beau et Sammy, qui sont malheureusement décédés et, plus récemment, mon charmant chiot Spider. J'ai la satisfaction d'avoir essayé de perfectionner l'art de la technique positive, de sorte que mes erreurs se sont avérées à peu près inoffensives.

Remerciements de l'éditeur
Mike Wheeler Motorcycles Ltd.
108–110 High Street,
Witney, Oxon
Grande-Bretagne

Remerciements pour les photographies
Photographie spéciale © Octopus Publishing Group Limited/Steve Gorton

Autres photos
Octopus Publishing Group/Rosie Hyde 10 à droite, 39 en bas à droite, 107 en bas à gauche

Directeur de la rédaction Trevor Davies
Chef du service photographique Leigh Jones
Designer Tony Truscott et Colin Goody
Photographe Steve Gorton
Recherche photo Jennifer Veall
Contrôleur de production Manjit Sihra